摆脱贫困与全面小康

李方祥 / 陈晖涛 / 主编

图书在版编目（CIP）数据

摆脱贫困与全面小康 / 李方祥，陈晖涛主编．—北京：人民日报出版社，2017.9
ISBN 978-7-5115-4972-3

Ⅰ.①摆… Ⅱ.①李… ②陈… Ⅲ.①扶贫－研究－中国 Ⅳ.①F126

中国版本图书馆 CIP 数据核字（2017）第 249633 号

书　　　名：摆脱贫困与全面小康
主　　　编：李方祥　陈晖涛

出 版 人：董　伟
责任编辑：曹　腾　高　亮
封面设计：主语设计

出版发行：人民日报出版社　福建人民出版社
社　　址：北京金台西路 2 号
邮政编码：100733
发行热线：(010) 65369527　65369846　65359509　65369510
邮购热线：(010) 65369530　65363527
编辑热线：(010) 65369523
网　　址：www.peopledailypress.com
经　　销：新华书店
印　　刷：大厂回族自治县彩虹印刷有限公司

开　　本：710mm×1000mm　1/16
字　　数：160 千字
印　　张：12
版　　次：2017 年 11 月第 1 版　2017 年 11 月第 1 次印刷

书　　号：ISBN 978-7-5115-4972-3
定　　价：32.00 元

目录
CONTENTS

第一章　摆脱贫困奔小康：跨世纪目标的提出 / 1
　　一、摆脱贫困是全面建成小康社会的关键 / 1
　　二、习近平心系扶贫事业 / 19
　　三、党的十八大以来对扶贫工作的新推动 / 37

第二章　新发展理念：摆脱贫困奔小康的行动指南 / 47
　　一、新发展理念是全面建成小康社会的科学指南 / 48
　　二、以新发展理念为指导，开辟脱贫奔小康的新境界 / 53

第三章　精准扶贫：摆脱贫困奔小康的基本方略 / 78
　　一、精准扶贫的内涵和特点 / 79
　　二、精准扶贫是扶贫攻坚的成败之举 / 83
　　三、精准扶贫的基本要求和主要途径 / 91

第四章　阻断贫困代际传递：摆脱贫困奔小康的根本之策 / 104
　　一、阻断贫困代际传递的重要意义 / 104
　　二、教育在阻断贫困代际传递中处于基础性地位 / 111
　　三、精准教育扶贫的主要举措 / 119

第五章　夯实基层组织：摆脱贫困奔小康的重要前提 / 126

　　一、农村基层组织是脱贫攻坚的坚实基础和力量支撑 / 127

　　二、始终坚持农村基层党组织领导核心地位不动摇 / 137

　　三、加强基层组织建设与扶贫开发协调推进的有效途径 / 147

第六章　强化社会合力：摆脱贫困奔小康的基本保障 / 156

　　一、汇聚社会各方力量参与脱贫攻坚的必要性 / 157

　　二、构建"三位一体"的大扶贫格局 / 162

　　三、强化社会合力扶贫济困的整体思路 / 182

后　记 / 188

第一章
摆脱贫困奔小康：跨世纪目标的提出

小康是人民的千年期盼，贫困则是通往小康道路上的"拦路虎"，只有摆脱贫困才能真正实现全面小康，小康社会的建设史也正是人民摆脱贫困的奋斗史。从20世纪80年代的"小康社会""三步走"战略，到十八大提出的全面建成小康社会，我们在小康社会的建设、贫困地区的发展等方面取得重大突破，中国人民实现了从站起来到富起来、强起来的伟大飞跃，我国已打响扶贫攻坚战，正向全面建成小康社会的宏伟目标冲刺前进。十九大报告再次吹响了决胜全面小康的激越号角，"从现在到二〇二〇年，是全面建成小康社会决胜期"，表明走向伟大复兴的中华民族，在历史长河的百年激荡中，又到关键节点，决胜全面建成小康社会的历史大幕已经拉开。回顾、梳理摆脱贫困和建设小康社会的各项举措，对于当前取得扶贫攻坚战的胜利、实现百年梦想有着重要的理论价值和现实指导意义。

一、摆脱贫困是全面建成小康社会的关键

全面建成小康社会是中华民族伟大复兴的重要里程碑，是社会和谐、人民生活美满安定的必然要求；共同富裕是社会主义的本质体

现，是党和人民不懈奋斗的目标。摆脱贫困，让全国人民共享小康生活是党向全国人民做出的庄严承诺。改革开放以来，党中央根据世情、国情以及社会发展和人民生活需要，以打造现代化国家为目标，经过理论探索和实践检验，先后提出了"三步走"战略（1987年）、"新三步走"（1995年）、"全面建设小康社会"（2002年）、"全面建成小康社会"（2012年）、"决胜全面建成小康社会"（2017），在党中央正确领导以及全体人民众志成城、矢志不渝的努力下，探索出一条适合中国发展、具有中国特色的扶贫道路，尤其是党的十八大以来，以习近平同志为核心的党中央始终把摆脱贫困作为全面建成小康社会的底线任务和标志性指标，全党全国人民勠力同心，砥砺奋进，"脱贫攻坚战取得决定性进展，六千多万贫困人口稳定脱贫，贫困发生率从百分之十点二下降到百分之四以下"，十九大报告总结了过去五年扶贫攻坚成就，表明我们正在决胜全面小康的道路上迈出坚实有力的步伐。

（一）"三步走"战略的科学规划

20世纪70年代末，邓小平在出访美、日等国时看到发达国家工业发展先进，经济发展迅速，这促使他开始对党提出的现代化目标进行更加具体和深入的思考。他在思考像中国这样一个人口众多的社会主义国家如何实现现代化时，古为今用地使用了"小康"一词，根据当时综合国力、经济情况以及生产力落后的客观事实，指出"所谓小康社会就是虽不富裕，但日子好过"。[①] 邓小平深刻感受到有规划地结合实际制定中长期经济发展战略对处于改革开放初期且生产力落后的中国是至关重要的。根据当时的经济发展水平和可预测的经济发展质量，

---

① 邓小平：《邓小平文选》第3卷，北京：人民出版社1994年版，第161页。

他提出中国经济在20世纪末的初级目标就是实现小康,并以此为基础向发达国家水平迈进。1987年,邓小平经过深思熟虑提出了改革开放后第一个现代发展战略,即著名的"三步走"发展战略,随后党的十三大、十四大都进一步坚持和阐发了这一重要战略思想。其主要内容是:第一步,从1981年到1990年,以1980年的国民生产总值为基点,实现国民生产总值翻一番,从人均250美元上升至500美元,解决人民的温饱问题;第二步,从1991年到20世纪末,国民生产总值再翻一番,人均国民生产总值达1000美元,人民生活达到小康;第三步,到21世纪中叶,实现国民生产总值再翻两番,达到中等发达国家水平,人民生活比较富裕。①"三步走"发展战略为建成富强民主文明的社会主义现代化国家设计了宏伟蓝图,其中小康社会是"三步走"发展战略的一个关键阶段。

"三步走"战略描绘了一幅经济腾飞的宏伟蓝图以及人民幸福安康的愿景,将国家的发展与人民的期盼融为一体,为面临着"如何发展、如何建设"这个迫切问题的当代中国指明了前进的道路和努力的方向。"三步走"战略充分体现了现代国家发展和共同富裕的社会主义本质,并以划分经济分期指标的方式生动表达了各个时期经济发展的预期目标,其实质是合理规划中国现代化发展的战略举措,具体的数字目标可以极大激励人们投身社会主义事业,并从经济发展的阶段成果中切身体会社会主义制度的优越性,凝聚人心,夯实社会主义建设的群众基础,为国家建设提供保障。与此同时,经济发展具体目标的合理设定也从根本上纠正了我国经济建设中曾经存在的急于求成的"左"倾错误。

在党中央的正确领导下,全国各族人民共同努力为现代化建设贡

---

① 邓小平:《邓小平文选》第3卷,北京:人民出版社1994年版,第212页。

献自己的力量，20世纪末经济增速年均达到10%以上，并于1999年12月如期顺利达到"三步走"战略的第二阶段的经济指标，在以1980年GDP为基点的基础上计算，我国2000年国内生产总值是1980年的6倍以上，超过原定的"翻两番"目标，这意味着人民生活总体上达到小康，我国的国际地位有所提升，政治经济文化等诸多方面实现了突飞猛进的增长。在此基础上，21世纪之初，我国现代化建设开启了新的征程，向第三阶段目标迈进。对此，邓小平曾指出："第三步比前两步要困难得多……要证明社会主义真正优越于资本主义，要看第三步，现在还吹不起这个牛。我们还需要五六十年的艰苦努力。"[1] 作为改革开放的总设计师、"三步走"战略的制定者，邓小平多次提出，经济发展要稳扎稳打，不能急功冒进，要结合实际，稳中求进。

为了更好地实现"三步走"战略的第三阶段目标，稳中求进，1995年9月党中央通过了《中共中央关于制定国民经济和社会发展"九五"计划和2010年远景目标的建议》，指明"三步走"战略第三步的前进方向和工作要务，确定了到2010年的阶段性经济指标。1997年，江泽民代表党中央向全国人民庄严宣告："展望下世纪，我们的目标是，第一个十年实现国民生产总值比2000年翻一番，使人民的小康生活更加宽裕，形成比较完善的社会主义市场经济体制；再经过十年的努力，到建党一百年时，使国民经济更加发展，各项制度更加完善；到世纪中叶建国一百年时，基本实现现代化，建成富强民主文明的社会主义国家。"[2] 这是在综合中国经济发展现状和人民物质需求水平及现有条件的前提下，秉承一切从实际出发的理念，在"三步走"战略基础上提出的对21世纪中国发展的新设想，是对"三步走"战略第三步阶段目标的细化，

---

[1] 邓小平：《邓小平文选》第3卷，北京：人民出版社1993年版，第226~227页。
[2] 江泽民：《江泽民文选》第2卷，北京：人民出版社2006年版，第4页。

即"新三步走"战略。"新三步走"战略是在新的历史起点上对邓小平的"三步走"战略的进一步展开,对于全面继承和完成邓小平的现代化"三步走"战略,全面规划党和国家未来50年发展的蓝图,有着非常重要的意义。

如果说党的十五大以划分经济分期指标的方式再次量化未来50年经济发展的目标和要务,那么党的十六大提出的到2020年实现全面建设小康社会的目标则是"新三步走"战略的基础与保障。党的十六大提出21世纪的头20年要"集中力量,全面建设惠及十几亿人口的更高水平的小康社会,使经济更加发展、民主更加健全、科教更加进步、文化更加繁荣、社会更加和谐、人民生活更加殷实"。[①]江泽民将这一时期称为实现现代化建设的承上启下的阶段,在21世纪的头10年里生产力发展,经济水平得以提升,综合国力和生活质量上升一个层次,而在第二个10年里,经济进一步发展,人民生活富裕,此时的小康是"富强、民主、文明、和谐",是经济、政治、社会等诸多方面共同进步繁荣的小康社会,为现代化国家的发展和社会经济的繁荣奠定坚实基础。

在"新三步走"战略指导下,国民经济稳步提升。2010年,我国经济总量大幅攀升,首次成为仅次于美国的经济体,人均GDP 4382美元,人民生活水平明显提升,物质文化生活也日益丰富,全面建设小康社会取得重大进展。2012年党的十八大向全国人民发出号召,吹响了向"两个一百年"进军的号角。

"三步走"战略的提出顺应了中华民族文明发展的趋势,是邓小平沉着冷静应对多种挑战所做出的郑重选择。而今处于新常态下的中国

---

① 江泽民:《全面建设小康社会,开创中国特色社会主义事业新局面——在中国共产党第十六次全国代表大会上的报告》,《人民日报》2002年11月9日。

经济发展出现新特点,进入发展新阶段,我们要在"三步走"发展战略和创新、协调、绿色、开放、共享新发展理念的指导下,一棒接着一棒干,向实现"两个一百年"的中国梦奋勇前行。

（二）全面建成小康社会目标的提出

历经 30 多年的改革开放,中国的小康蓝图由远及近,在小康社会建设不断取得丰硕成果的基础上,全面建成小康社会的目标水到渠成,呼之欲出。这是我们党将马克思主义应用于国家建设的理论硕果,成为对中国发展道路具有里程碑意义的探索实践,对全面建成小康社会的准确定位,对于摆脱贫困、实现民族复兴意义重大。

1. 从小康社会到全面建设小康社会

小康由古至今一直是普通百姓对安定富足生活的追求与向往。"小康"一词最早出现在我国最古老的诗歌经典《诗经》中,《大雅·民劳》篇曰:"民亦劳止,汔可小康。"儒家经典《礼记》中的《礼运》篇将人民和谐安居的生活称为小康,同时表达了人民对此种生活的期待:"今大道既隐,天下为家。各亲其亲,各子其子,货力为己。大人世及以为礼,城郭沟池以为固,礼义以为纪,以正君臣,以笃父子,以睦兄弟,以和夫妇,以设制度,以立田里,以贤勇知,以功为己……如有不由此者,在势者去,众以为殃。是谓'小康'。"20 世纪 80 年代邓小平创造性地借用了中国民间和传统文化中广为流传的"小康"思想,以"小康社会"作为中国经济发展的重要目标,为人民描绘了美好生活的蓝图。

20 世纪末,在"三步走"战略指导下,现代化建设取得阶段性飞跃,达到了总体小康的水平,然而此时的小康仍是低水平、不全面的小康。之所以称其为"总体小康",是因为:一是小康并不全面,主要表现为过于重视物质层面的提升忽视了其他方面的协同进步;二是小康状态并不稳固,亟须进一步巩固与提升。此外,人民期望更高水平的生活质量。

因此在向达到中等发达国家水平目标前进时，具体明确、可实现的且能够鼓舞人心、凝聚力量的经济发展阶段目标成为必要。党的十五届五中全会提出，自21世纪以来，我国已迈进全面建设小康社会的新阶段，这一阶段要进一步加强国家现代化和推进中国特色社会主义事业的发展。2002年党的十六大明确提出了"全面建设小康社会"，从"建立小康社会"到"全面建设小康社会"是党对我国现代化建设经验的深刻总结，是对社会主义发展规律的实践探索和重要拓展。

全面建设小康社会，顾名思义，是在小康社会的前提下进行全方位建设，是十几亿中国人民在国民经济稳定运行、社会和谐进步、文化生活欣欣向荣、科教进步日新月异的国家发展大繁荣的社会背景中共享现代化的发展成果，物资生活殷实、精神生活得到极大丰富的更高水平的小康社会。党的十六大报告在对全面建设小康社会的内涵进行概述后，对其目标做出以下阐述："全面建设小康社会，开创中国特色社会主义事业新局面，就是要在中国共产党的坚强领导下，发展社会主义市场经济、社会主义民主政治和社会主义先进文化，不断促进社会主义物质文明、政治文明和精神文明的协调，推进中华民族的伟大复兴。"① 在此基础上，党的十七大对全面建设小康社会目标做了更加明确的界定："增强发展协调性，努力实现经济又好又快发展。实现人均国内生产总值到2020年比2000年翻两番。扩大社会主义民主，加强文化建设，加快发展社会事业，建设生态文明，基本形成节约能源资源和保护生态环境的产业结构。"②

全面建设小康社会的目标可以从物质文明、政治文明、精神文明

---

① 江泽民：《全面建设小康社会，开创中国特色社会主义事业新局面——在中国共产党第十六次全国代表大会上的报告》，《人民日报》2002年11月9日。
② 胡锦涛：《高举中国特色社会主义伟大旗帜，为夺取全面建设小康社会新胜利而奋斗——在中国共产党第十七次全国代表大会上的报告》，《人民日报》2007年10月25日。

以及生态文明四个层面来解读。物质文明建设目标——经济发展和人民生活水平提升,即国家综合实力提升,量化的经济指标为GDP到2020年与2000年相比实现两倍翻升,市场经济体制更加健全,社会经济发展越发开放;与此相应的人民的物质生活水平明显提升,生活富足,城镇人口比重大幅度提升,城乡差距缩小,社会公共服务体系健全、劳动力就业充分,社会安定。政治文明建设目标——"社会主义民主更加完善,社会主义法制更加完备,依法治国的基本方略得到全面落实,人民的政治、经济和文化权益得到切实尊重和保障。基层民主更加健全,社会秩序良好,人民安居乐业"[①],表明随着社会的进步,党和国家越发注重社会民主、人民权益等诸多方面的保障,力图创造一个社会民主、法制健全的现代化国家。精神文明建设目标——一是全民素质的提升,涉及思想和道德修养、科学知识和文化、身体健康状况,并形成相应的体系;二是在实现全民素质提升的同时,创建适用于社会发展和满足人民需求的教育和创新体系;三是给予人民更多接受良好教育的机会,提高社会大众的文化知识水平,营造学习创新的社会氛围,挖掘潜力实现多能力发展。生态文明建设目标——增强社会发展的可持续能力,转变现有资源利用的方式使其效用显著提升,生态环境逐步修复,人与自然和谐融洽,在保护环境的基础上,通过高效低能的模式推动生产力提升,社会经济发展进步,人民富裕安康。

全面建设小康社会对作为发展中国家且处于现代化建设时期、以实现民族复兴为目标的中国而言,具有重要的现实与理论意义。从现实层面看,20世纪末我们已顺利度过"三步走"战略的前两个阶段,而"第三步"只是粗略的勾勒,没有详细制定发展目标。"全面建设小

---

① 江泽民:《全面建设小康社会,开创中国特色社会主义事业新局面——在中国共产党第十六次全国代表大会上的报告》,《人民日报》2002年11月9日。

康社会"是基于现有的发展成果和发展实际提出的,为人民描绘了一幅"富强、民主、文明、和谐"的发展蓝图,能有效地凝聚人心,鼓舞斗志,激励人们为实现国家富强、民族复兴而奋斗。从理论层面看,全面建设小康社会的提出是马克思主义中国化的又一理论成果,与"三步走""新三步走"战略一脉相承,是中国特色社会主义理论体系与时俱进的硕果结晶和实践探索。

党的十六大以来,全面建设小康进程取得了历史性成就,为我国发展积聚了重要力量。"人们公认,这是我国经济持续发展、民主不断健全、文化日益繁荣、社会保持稳定的时期,是着力保障和改善民生、人民得到实惠更多的时期。我们能取得这样的历史性成就,靠的是党的基本理论、基本路线、基本纲领、基本经验的正确指引,靠的是新中国成立以来特别是改革开放以来奠定的深厚基础,靠的是全党全国各族人民的团结奋斗。"①

2. 从全面建设小康社会到全面建成小康社会

在党的十六大、十七大确立的全面建设小康社会目标的基础上,党的十八大根据我国经济社会发展实际,郑重提出全面建成小康社会的新目标,做出新部署。胡锦涛在党的十八大报告中强调:"中国共产党第十八次全国代表大会,是在我国进入全面建成小康社会决定性阶段召开的一次十分重要的大会。大会的主题是:高举中国特色社会主义伟大旗帜,以邓小平理论、'三个代表'重要思想、科学发展观为指导,解放思想,改革开放,凝聚力量,攻坚克难,坚定不移沿着中国特色社会主义道路前进,为全面建成小康社会而奋斗。"②"建成"与"建

---

① 胡锦涛:《坚定不移沿着中国特色社会主义道路前进 为全面建成小康社会而奋斗——在中国共产党第十八次全国代表大会上的报告》,《人民日报》2012年11月9日。

② 胡锦涛:《坚定不移沿着中国特色社会主义道路前进 为全面建成小康社会而奋斗——在中国共产党第十八次全国代表大会上的报告》,《人民日报》2012年11月9日。

设"仅一字之差,但意义深远,前者是目标愿景,后者意味着真正实现,这是党对 21 世纪以来全面建设小康社会工作推进的认可,是在对世情、国情研判基础上做出的重大决策,是在经济总量不断提升、社会越发安定的基础上对全国人民做出的庄严承诺,彰显了党对全面建成小康社会的决心和信心,体现了对党全心全意为人民服务宗旨的贯彻与践行。"全面建成小康社会"是我们党针对发展态势提出的带有战略意义和指导价值的目标,它引导着我国的改革开放和现代化建设事业不断向前推进,一步步地接近"第一个一百年"奋斗目标。

全面建成小康社会是十几亿人口共享社会发展成果的物质丰富、文明发展的社会,国家允许一部分人先富起来,但目的在于以先富带动后富,最终实现共同富裕。全面小康的建成,是各地区共同走向繁荣,并且促进城乡差距、区域差距、贫富差距等得以逐步消解,推动各地区多方面协调持续发展的过程,是进一步化解由于历史遗留问题、资源禀赋、政策倾向等背景下形成的经济不平衡及其附带产生的其他问题的过程。根据我国经济社会发展实际和发展趋势,党的十八大在已取得的发展成果的基础上对全面建成小康社会提出新的要求和期望。

一是经济持续健康发展。转变经济发展方式取得重大进展,在发展平衡性、协调性、可持续性明显增强的基础上,实现国内生产总值和城乡居民人均收入比 2010 年翻一番。科技进步对经济增长的贡献率大幅上升,进入创新型国家行列。工业化基本实现,信息化水平大幅提升,城镇化质量明显提高,农业现代化和社会主义新农村建设成效显著,区域协调发展机制基本形成。对外开放水平进一步提高,国际竞争力明显增强。二是人民民主不断扩大。民主制度更加完善,民主形式更加丰富,人民积极性、主动性、创造性进一步发挥。依法治国基本方略全面落实,法治政府基本建成,司法公信力不断提高,人权得到切实尊重和保障。三是文化软实力显著增强。社会主义核心价值体系深入人心，公民文明素质和社会文明程度明显提高。文化产品更加丰富，公共文化服务体系基本建成，文化产业成为国民经济支柱性产业，中华文化走出去迈出更大步伐，社会主义文化强国建设基础更加坚实。四是人民生活水平全面提高。基本公共服务均等化总体实现，全民受教育程度和创新人才培养水平明显提高，进入人才强国和人力资源强国行列，教育现代化基本实现。就业更加充分。收入分配差距缩小，中等收入群体持续扩大，扶贫对象大幅减少。社会保障全民覆盖，人人享有基本医疗卫生服务，住房保障体系基本形成，社会和谐稳定。五是资源节约型、环境友好型社会建设取得重大进展。主体功能区布局基本形成，资源循环利用体系初步建立。单位国内生产总值能源消耗和二氧化碳排放大幅下降，主要污染物排放总量显著减少。森林覆盖率提高，生态系统稳定性增强，人居环境明显改善。①

总体来说，小康的内涵与外延不断丰富，从生存到发展、从物质到精神、从福利到权利，层层递进、步步深入，全面建成小康社会要求经济、政治、文化、社会以及生态五位一体的协调互动，是以"以人为本"为价值导向、经济社会诸多方面协调进步与人的幸福指数共同提高的社会，是不分地域、民族，发展成果惠及全体人民的社会。

党的十八大提出确保到2020年全面建成小康社会，这既与十六大、十七大提出的全面建设小康社会目标相衔接，又更加切合我国新的发展实际，更具明确政策导向，更加针对发展难题，更好顺应人民意愿，展示了中国特色社会主义事业全面发展的美好前景。

伟大的事业在承前启后中推进，伟大的目标在接续奋斗中实现。党的十八大以来，面对世情国情的深刻变化，我国牢固树立新发展理念，

---

① 胡锦涛：《坚定不移沿着中国特色社会主义道路前进　为全面建成小康社会而奋斗——在中国共产党第十八次全国代表大会上的报告》，《人民日报》2012年11月9日。

适应把握引领经济发展新常态，经济社会发展取得新的辉煌成就。"民亦劳止，汔可小康。"小康，这个让中国人满怀期待的目标，不倦追求的梦想，历经千年的期盼，距离我们从未如此之近。党的十九大报告指出："从现在到 2020 年，是全面建成小康社会决胜期。要按照十六大、十七大、十八大提出的全面建成小康社会各项要求，紧扣我国社会主要矛盾变化，统筹推进经济建设、政治建设、文化建设、社会建设、生态文明建设，坚定实施科教兴国战略、人才强国战略、创新驱动发展战略、乡村振兴战略、区域协调发展战略、可持续发展战略、军民融合发展战略，突出抓重点、补短板、强弱项，特别是要坚决打好防范化解重大风险、精准脱贫、污染防治的攻坚战，使全面建成小康社会得到人民认可、经得起历史检验。"中国人民为之奋斗的第一个百年奋斗目标已到了最后的冲刺阶段。13 亿中国人正迸发出磅礴力量，阔步迈向实现全面建成小康社会的宏伟目标！

3. 全面建成小康社会的定位

第一，全面建成小康社会是实现中国梦的阶段性目标。实现中华民族伟大复兴是近代以来中华民族最伟大的梦想，到 2020 年全面建成小康社会，实现第一个百年奋斗目标，是我们党向人民、向历史做出的庄严承诺。习近平把"两个一百年"奋斗目标同中国梦联系在一起，把全面小康放在中国梦的大格局中，把全面小康目标升华成民族复兴的重要里程碑。2013 年 6 月，习近平指出："中国梦的本质是国家富强、民族振兴、人民幸福。我们的奋斗目标是，到 2020 年国内生产总值和城乡居民人均收入在 2010 年基础上翻一番，全面建成小康社会。到本世纪中叶，建成富强民主文明和谐的社会主义现代化国家，实现中华民族伟大复兴的中国梦。"[①] 2014 年 6 月，习近平在中阿合作论坛

---

① 《习近平接受拉美三国媒体联合书面采访》，《人民日报》2013 年 6 月 1 日。

提及"实现中华民族伟大复兴中国梦的关键一步"①，表明全面建成小康社会是复兴之梦的关键环节和现实基础，扮演承上启下的过渡性角色，对"两个一百年"而言具有标志性意义。2017年10月，在党的十九大报告中指出："中国特色社会主义进入新时代，意味着近代以来久经磨难的中华民族迎来了从站起来、富起来到强起来的伟大飞跃，迎来了实现中华民族伟大复兴的光明前景。"把握历史新方位，顺应时代新特点，十九大报告在对决胜全面建成小康社会做出部署的同时，明确了从2020年到本世纪中叶分两个阶段实现全面建成社会主义现代化强国的战略安排，并清晰勾画了时间表和路线图：在2020年全面建成小康社会、实现第一个百年奋斗目标的基础上，再奋斗15年，在2035年基本实现社会主义现代化；从2035年到本世纪中叶，在基本实现现代化的基础上，再奋斗15年，把我国建成富强民主文明和谐美丽的社会主义现代化强国。其中，前一阶段是后一阶段的基础，后一个阶段是前一阶段的跃升，两者既紧密衔接又环环相扣，既明确任务又指明路径，描绘出了未来发展的宏伟蓝图，不仅让全国各族人民有满满的成就感和自豪感，而且激发了大家对更美好生活的向往和更辉煌前景的期待，对实现中华民族伟大复兴中国梦更有信心和底气。当前，中国已经进入全面建成小康社会决胜阶段，并将在十九大之后的2020年，迎来实现"两个一百年"奋斗目标的关键节点——实现第一个百年奋斗目标、踏上实现第二个百年奋斗目标的新征程。全面建成小康社会作为实现中国梦的阶段性目标有凝聚人心的作用，正如十九大报告所言："今天，我们比历史上任何时期都更接近、更有信心和能力实现中华民族伟大复兴的目标。"全面建成小康社会与中华民族的伟大复兴之梦相互激荡，

---

① 杜尚泽、焦翔：《习近平出席中阿合作论坛第六届部长级会议开幕式并发表重要讲话》，《人民日报》2014年6月6日。

成为凝聚华夏儿女众志成城、努力奋进的精神旗帜。

第二，全面建成小康社会是"四个全面"战略布局的重要组成部分。为确保在21世纪头20年实现全面建成小康社会的目标，为"两个一百年"添砖加瓦，以习近平同志为核心的党中央提出了具有全局性战略思想的顶层设计——"四个全面"战略布局，即全面建成小康社会、全面深化改革、全面推进依法治国、全面从严治党。"这个战略布局，既有战略目标，也有战略举措，每一个'全面'都具有重大战略意义。全面建成小康社会是我们的战略目标，全面深化改革、全面依法治国、全面从严治党是三大战略举措。"① 全面建成小康社会置于"四个全面"之首，后者是前者实现的现实路径，前者则对后者有引领作用。要把一个人口比欧盟、美国、日本加起来还多的大国带入全面小康，这是人类历史上从未有过的伟大壮举，不可能一蹴而就，"四个全面"必须相辅相成，互助发展，全面深化改革，破除利益藩篱，为实现全面小康提供发展动力；全面依法治国，建立规则秩序、推进公平正义，为实现全面小康提供法制保障；全面从严治党，锻造清正廉洁的坚强领导核心，为实现全面小康提供政治支撑。以全面深化改革破解民族复兴进程中的深层次矛盾问题，以全面依法治国确保现代化建设有序进行，以全面从严治党巩固党的执政基础和群众基础，才能绘就全面小康的宏图。

如果说"新三步走"是"三步走"战略的重中之重，那么全面建成小康社会就是"新三步走"通向社会主义现代化的核心关键，全面小康社会的实现是党对人民"第一个一百年"承诺的兑现，是"第二个一百年"目标的基础，是中国特色社会主义理论体系的发展和中国

---

① 《习近平在省部级主要领导干部学习贯彻十八届四中全会精神 全面推进依法治国专题研讨班开班式上发表重要讲话强调领导干部要做尊法学法守法用法的模范 带动全党全国共同全面推进依法治国》，《人民日报》2015年2月3日。

特色社会主义道路的实践。党的十九大报告中首次提出实现第二个百年奋斗目标的"两个15年"阶段划分,是对"三步走"战略目标既一脉相承又与时俱进的深化和推进。从全面建成小康社会到基本实现现代化,再到全面建成社会主义现代化强国,是新时代中国特色社会主义发展的战略安排,这一科学缜密的战略谋划凸显以习近平同志为核心的党中央运用战略思维的高超智慧和卓越能力,展现出党领导全国各族人民实现"两个一百年"奋斗目标和中华民族伟大复兴中国梦的强大决心和坚定信心,必将激发起全社会蓬勃向前的不竭动力,让中华民族以更加昂扬的姿态屹立于世界民族之林。

(三)贫困地区是我国全面建成小康社会的短板

党的十八届五中全会提出:"我们必须增强忧患意识、责任意识,着力在优化结构、增强动力、化解矛盾、补齐短板上取得突破性进展。"[①]在做关于"十三五"规划的建议说明时,习近平强调:"必须紧紧扭住全面建成小康社会存在的短板,在补齐短板上多用力";"必须全力做好补齐短板这篇大文章,着力提高发展的协调性和平衡性"。[②]"十三五"时期经济社会发展的关键在于补齐短板,其中必须补好扶贫开发这块短板。木桶理论告诉我们,只有提升最短木板的实力才能实现最优效果,只有补齐短板才能真正实现全面的小康社会,而补短板的前提就是要明确全面建成小康社会的短板是什么。

2012年习近平在河北省阜平县探访贫困群众时讲道:"全面建成小康社会,最艰巨最繁重的任务在农村,特别是在贫困地区。没有农村的

---

① 《中共中央关于制定国民经济和社会发展第十三个五年规划的建议》,《人民日报》2015年11月4日。

② 习近平:《关于〈中共中央关于制定国民经济和社会发展第十三个五年规划的建议〉的说明》,《人民日报》2015年11月4日。

小康，特别是没有贫困地区的小康，就没有全面建成小康社会。"[1]2015年在部分省区市扶贫攻坚与"十三五"时期经济社会发展座谈会上，习近平指出，没有贫困地区的小康，没有贫困人口的脱贫，就没有全面建成小康社会。当前，民生领域还有不少短板，脱贫攻坚任务艰巨。习近平在十九大报告中指出，要确保到2020年我国现行标准下农村贫困人口实现脱贫，贫困县全部摘帽，解决区域性整体贫困，做到脱真贫、真脱贫。这是党中央对脱贫攻坚的最新要求。可见贫困地区对于全面小康社会能否真正建成至关重要，可谓是短板中的短板。

1. 贫困地区和贫困人口的脱贫是全面建成小康社会的基础前提和关键部分。全面小康是全体人民共享社会发展成果，不能遗漏任何一个人，尤其不能忽视收入水平低下、无法维持基本生活的贫困人口。据国务院扶贫办统计，按照人均纯收入2300元（2010年不变价）的标准，2015年我国的农村贫困人口为5575万，与20世纪70年代末相比，7.1亿人口成功减贫。[2]目前扶贫开发已经进入"啃硬骨头"阶段，仍存在的贫困地区和贫困人口脱贫难度较大。习近平曾说，遗落任何一个地区、民众的小康都不能声称全面小康已经实现，不能国家打着全面小康社会建成的旗子，而人民依旧贫困。到2020年，我国现行标准下农村贫困人口全部实现脱贫，贫困县全部摘帽，区域性整体贫困将彻底解决，是全面建成小康社会在扶贫领域的目标要求。实现全面小康，全部脱贫是最"硬"的指标。

2. 贫困地区的特殊环境增加了全面建成小康社会的难度。我国现有贫困主要集中在深度贫困地区，14个连片贫困地区大多数处于中西部地区，并且多属于革命老区、民族自治和边疆区域，这些"老、

---

[1] 《习近平到河北阜平看望慰问困难群众时强调　把群众安危冷暖时刻放在心上　把党和政府温暖送到千家万户》，《人民日报》2012年12月31日。

[2] 张烁：《打赢脱贫攻坚战层层签订责任状》，《人民日报》2016年3月10日。

"少、边、穷"区域由于地理位置偏远、资源匮乏、物质资本和人力资本积累不足等原因，脱贫致富面临复杂挑战。从宏观上看，由于社会整体收入分配差距扩大，经济增长的益贫性下降，贫困人口难以分享经济和市场利益；从中观上看，贫困人口的总体分散和区域集中要求针对贫困人群的扶贫政策差异度和政策着力点愈加复杂；从微观上看，贫困农户自身发展能力提升困难，收入水平低下。多个层面显示，贫困地区的经济发展缺少生产资料、劳动力以及消费市场，发展速度缓慢，缺乏后劲，贫困人口增收门路狭窄，这些深度贫困地区成为全面建成小康社会中难啃的"硬骨头"。正如习近平2017年6月23日在山西太原市主持召开深度贫困地区脱贫攻坚座谈会指出的："脱贫攻坚本来就是一场硬仗，深度贫困地区脱贫攻坚更是这场硬仗中的硬仗，必须给予更加集中的支持，采取更加有效的举措，开展更加有力的工作。"①

3. 贫困地区的民生落后是小康社会全面建成的重要约束因素。民生连着民心，民心关系国运，民生问题是新中国成立以来历届党和国家领导人重点关注的问题，也是全面小康亟须解决的基础问题。与其他地区相比，贫困地区民生问题的解决可谓难上加难。首先，人均收入偏低。2012年贫困地区农村人均纯收入不足全国的60%②，2015年上半年虽然增幅高于全国农村平均增幅，但由于其基数较小，仍有大批贫困人口，贫困地区群众生活改善情况有限。其次，教育、医疗、社保等公共服务体系不够健全，人民的生活质量有待提高。贫困地区改善民生面临的困难较大，成为全面建成小康社会中社会目标实现的重

---

① 《习近平在深度贫困地区脱贫攻坚座谈会上强调　强化支撑体系加大政策倾斜　聚焦精准发力攻克坚中之坚》，《人民日报》2017年6月25日。
② 《贫困地区农民人均纯收入不及全国六成》，http://politics.people.com.cn/n/2013/0913/c1001-22906251.html.2013-09-13.

要制约。按照中央确定的"到2020年稳定实现扶贫对象不愁吃、不愁穿,保障其义务教育、基本医疗和住房"的目标要求,加强贫困地区的民生建设任重道远。

全面建成小康社会,是我们党对全国人民的庄严承诺,而贫困地区是全面建成小康社会的突出短板,贫困地区人口脱贫是全面建成小康社会最艰巨的任务。对此,习近平指出:"各级党委和政府要把握时间节点,努力补齐短板,科学谋划好'十三五'时期扶贫开发工作,确保贫困人口到2020年如期脱贫。"[①]立足于"第一个一百年"的现实需求和发展情况,遵循以人为本和实事求是的原则,站在共同富裕的高度,我们将加快贫困地区的发展作为现阶段最大的重点和难点。正如习近平所强调的,"我们的责任,就是要团结带领全党全国各族人民,继续解放思想,坚持改革开放,不断解放和发展社会生产力,努力解决群众的生产生活困难,坚定不移走共同富裕的道路"。当前,"扶贫开发到了攻克最后堡垒的阶段,所面对的多数是贫中之贫、困中之困,需要以更大的决心、更明确的思路、更精准的举措抓工作"[②]。入之愈深,其进愈难,要啃"硬骨头",需要硬办法。补齐贫困人口如期脱贫这一短板,我们要有"敢教日月换新天"的昂扬斗志和坚定信心,跟紧新发展理念的指挥棒,攻坚克难,苦干实干,确保不折不扣地实现整体脱贫目标,让贫困地区人民共享改革发展成果,同步实现全面建成小康社会的目标。

[①]《习近平在部分省区市党委主要负责同志座谈会上强调 谋划好"十三五"时期扶贫开发工作 确保农村贫困人口到2020年如期脱贫》,《人民日报》2015年6月20日。

[②]《习近平在东西部扶贫协作座谈会上强调 认清形势聚焦精准深化帮扶确保实效 切实做好新形势下东西部扶贫协作工作》,《人民日报》2016年7月22日。

二、习近平心系扶贫事业

"善为国者,遇民如父母之爱子,兄之爱弟,闻其饥寒为之哀,见其劳苦为之悲。"习近平一直铭记这句表达以民为本的传统话语,一贯高度重视贫困地区的发展问题。在2015减贫与发展高层论坛上他指出:"40多年来,我先后在中国县、市、省、中央工作,扶贫始终是我工作的一个重要内容,我花的精力最多。"① 在2017年的新年贺词中,他又做出了这样的承诺:"小康路上一个都不能掉队!""我最牵挂的还是困难群众。"从摆脱贫困的"宁德感悟",到十八大以来多次深入贫困地区视察和调研,体现了习近平一以贯之又一脉相承的"看真贫、扶真贫、真扶贫"理念和实践,为推进贫困农村加快发展、后发同至,确保到2020年实现全面建成小康社会目标注入了新的动力,确立了新的模式。

(一)《摆脱贫困》与福建经验的总结

《摆脱贫困》初版于1992年7月,是习近平的第一本个人著作,汇集了他担任中共宁德地委书记期间(1988年9月—1990年5月)针对宁德贫困地区如何脱贫致富、加快发展这一主题发表的29篇系列讲话和文章。书中提出的许多重要思想观点是建立在实地考察、探访群众的基础上,包含着丰富的政治智慧、理论营养和哲学内涵,充分体现了习近平的政治立场、价值追求、使命担当和思想风范,具有极强的理论价值和实践价值,为加快福建省乃至全国的扶贫开发工作提供了丰富的借鉴经验。

---

① 习近平:《携手消除贫困促进共同发展——在2015减贫与发展高层论坛的主旨演讲》,《人民日报》2015年10月17日。

1.《摆脱贫困》的丰富内涵

习近平在《摆脱贫困》中深刻回答了推进闽东地区经济社会发展的重大理论和实践问题，提出了诸如"紧抓中心""弱鸟先飞""滴水穿石""四下基层"等一系列蕴含着前瞻性、战略性和可实践性的思想观点。一滴水可见太阳的光辉，《摆脱贫困》一书不但全面记录了习近平在闽东地区扶贫工作的成功经验，而且其丰富内涵和精神实质同他今天的治国理政思想是一以贯之又一脉相承的。

第一，"紧抓中心"的思想。十一届三中全会因党的工作重心向经济建设转移的决策而被视为中国经济发展的转折点。《摆脱贫困》一书从开篇到最后一篇再到它的跋，贯穿始终的主旨就是"把经济建设当作最大的政治"的思想，强调社会主义的优越性只有在生产力的解放中、在国力的快速增长中、在人民生活的极大改善中、在与外部世界日益广泛的交往中才能得以充分体现。宁德地区270余万人口中有77万是贫困人口，9个县中有6个国定贫困县、52个省定贫困乡，是全国18个贫困片区之一，也是最早引起中央关注的贫困地区。早在1984年6月，《人民日报》头版头条刊发了宁德新闻工作者以福鼎磻溪镇赤溪村下山溪自然村为例反映闽东贫困状况的文章，引起高度重视。1988年5月，带着省委的重托，习近平从经济发达的厦门特区到宁德担任地委书记。上任伊始，他就用一个多月的时间跑遍全区各县深入调研，面对宁德经济基础差、底子薄、总量小、人民群众生活贫困的现实，他决心尽快改变其贫困面貌。在调研中，他发现有些同志以经济建设为中心的思想不坚定，就批评说："党中央从十一届三中全会开始讲要把党的工作重点转移到经济建设上来，说了十年了，可我们许多同志一碰到具体问题便'睫在眼前犹不见'，顷刻主次颠倒。"[①] 为了让干部群

---

① 习近平：《摆脱贫困》，福州：福建人民出版社2014年版，第3页。

众意识到经济建设的重要性,他强调"经济建设是我们的主旋律,从来没有不朝思暮想经济建设而能搞好经济建设的"①,并提倡搞"经济大合唱",充分发挥地方党委和政府的统一领导作用,注重各部门的协作,注重整体性,妥善处理好影响闽东经济发展的六大关系。针对不少同志反映乡镇非经济工作牵扯了乡镇干部的大部分精力,他强调必须迅速杜绝这类状况。在调研中他发现乡政府墙上挂了不少锦旗,唯一缺少一面经济方面的锦旗,就毫不客气地说:"挂了那么多锦旗,少了经济建设这一面就不风光。说得客气些,有苦劳,没有功劳。干工作,主次不分,不抓住根本,那就是'瞎忙乎'。"②他认为乡镇干部的主要精力、时间只能用在经济工作实践上。1990年5月习近平调离宁德时,闽东已发生了巨大的变化,全区94%的贫困户基本解决温饱问题,当年8月12日的《人民日报》以《宁德越过温饱线》为题对此进行了报道。在离开宁德时,他不忘郑重告诫当地干部"经济是基础是中心","经济稳定发展是社会稳定、人心稳定、政治稳定的基础,我们要牢牢地抓好经济建设这个中心工作"。③此外,他还强调要正确看待闽东经济的发展,既要看到优势,也要看到不足,在工作过程中要脚踏实地,克服急躁情绪和短期行为,不能急功近利,要做好打持久战的准备。

第二,"弱鸟先飞"的意识。习近平把贫困地区比喻为羽翼欠丰的"弱鸟",1988年9月,他在《弱鸟如何先飞——闽东九县调查随感》一文中写道:毫无疑问,在发展商品经济的广阔天空里,目前很贫困的闽东确是一只"弱鸟"。为了帮助人们树立"敢为天下先"的意识,他列举大量事实证明"弱鸟先飞"不仅是可能的,而且是现实的。在对闽东9个县进行深度调研后,他对闽东的发展充满信心,以辩证的思

---

① 习近平:《摆脱贫困》,福州:福建人民出版社2014年版,第3页。
② 习近平:《摆脱贫困》,福州:福建人民出版社2014年版,第10页。
③ 习近平:《摆脱贫困》,福州:福建人民出版社2014年版,第207页。

维方式思考闽东这只经济贫困、交通闭塞、对外交流信息不畅、大农业基础薄弱的"弱鸟"如何实现先飞。当时的闽东9县6贫,以"老、少、边、岛、贫"概括极为贴切。为了改善这种贫困状况,习近平采取了以下几种措施:其一,思想扶贫。习近平在调研中发现一些地区的干部群众存在严重的"思想贫困",即存在"安贫乐道""穷自在""等、靠、要"等不作为、不奋进的落后思想,只有摆脱这些思想的约束,才能为"弱鸟先飞"奠定基础。他提出,"当务之急,是我们的党员、我们的干部、我们的群众都要来一个思想解放,观念更新"①,只有这样,大家才能够跳出老框框看问题,与时俱进,不再因循守旧,故步自封。其二,充分发挥自身优势。对于贫困地区而言,国家加大拨款力度短期内可以解决一些问题,但从长远看,贫困地区实现脱贫还是要自力更生。习近平指出,要"把解决原材料、资金短缺的关键,放到我们自己身上来"②。如电子行业竞争激烈的部分企业运营不稳、难以为继的情况下,霞浦生产的电子按摩器、男宝器成功打开国内外市场,站稳脚跟。霞浦的成功,表明贫困地区可以依托自身优势和政策扶持,通过当地人民的努力,在优势领域实现"先飞",脱贫致富。其三,因地制宜发展经济。"弱鸟"要实现"高、远、快"发展,就必须结合自身特色,探寻一条依托自身优势发展的路子。结合闽东的实际情况,习近平提出了两条发展路子:一要发展大农业。"靠山吃山唱山歌,靠海吃海念海经",稳住粮食,同时大力发展林业、茶业、竹业,沿海地区发展渔业、滩涂养殖,形成多功能、开放式、综合性的立体农业。二要发展工业。处理好速度和效益的关系,看准效益千方百计上规模。只有坚持农业和工业共同发展,"弱鸟"的羽翼才能逐渐丰满,才能实现"先飞"。

---

① 习近平:《摆脱贫困》,福州:福建人民出版社2014年版,第2页。
② 习近平:《摆脱贫困》,福州:福建人民出版社2014年版,第2页。

第三,"滴水穿石"的精神。"滴水穿石"是习近平在宁德工作期间提出和倡导的工作作风和精神品格。1988年10月,在接受《经济日报》记者采访时,他指出,中华人民共和国成立以来,闽东发生的变化,是"滴水穿石"般的变化。这是他首次提出"滴水穿石"的理念,这种理念体现了辩证唯物主义原理。"滴水穿石"的自然景观让他在插队落户时领悟出有关生命和运动的哲理。任何事物的发展和变化都要经历从量变到质变的过程,当量变积累到临界点时事物会发生质的飞跃。摆脱贫困这项伟大事业也是从量变到质变的过程。习近平指出,"经济落后地区的发展,总要受历史条件、自然环境、地理因素等诸方面的制约,没有什么捷径可走,不可能一夜之间就发生巨变,只能是渐进的,由量变到质变的,滴水穿石般的变化"[1],故此在摆脱贫困的过程中不能只热衷于做质变的突破工作,要更加注重量变的积累工作。在《滴水穿石的启示》一文中,他对"滴水穿石"的精神内涵做出详细的阐释:"我们需要的是立足于实际又胸怀长远目标的实干,而不需要不甘寂寞、好高骛远的空想;我们需要的是一步一个脚印的实干精神,而不需要新官上任只烧三把火希图侥幸成功的投机心理;我们需要的是锲而不舍的韧劲,而不需要'三天打鱼,两天晒网'的散漫。""我推崇滴水穿石的景观,实在是推崇一种前仆后继,甘于为总体成功牺牲的完美人格;推崇一种胸有宏图、扎扎实实、持之以恒、至死不渝的精神。"[2]我们应该清醒地认识到任何事业的成功,都要有"水滴"般的韧劲、永不言弃的毅力。习近平以及闽东人民正是怀着这种"滴水穿石"般的精神,努力发展地区经济,逐步改变贫困落后面貌。此后,习近平在不同的场合多次强调要用"滴水穿石"的精神来指导和处理各项工作。

第四,"四下基层"的机制。"四下基层"是指领导干部信访接待

---

[1] 习近平:《摆脱贫困》,福州:福建人民出版社2014年版,第58页。
[2] 习近平:《摆脱贫困》,福州:福建人民出版社2014年版,第58~59页。

下基层、现场办公下基层、调查研究下基层、宣传党的方针政策下基层，是习近平1988年为转变宁德地区政府工作方式、落实群众需求、解民之所难，深入群众而提出的，是对群众路线的全新探索与实践。他在《干部的基本功——密切联系人民群众》一文中指出："贫困地区的发展靠什么？千条万条，最根本的只有两条：一是党的领导；二是人民群众的力量。"[①]"四下基层"制度不仅实现了两者的结合，而且为党员干部践行群众路线提供了制度保障。一是信访接待下基层。1988年12月20日，宁德首次地、县领导接待群众来访日活动在霞浦举办，习近平身体力行，同群众面对面交流，受理各种群众问题86件，并要求约访制度和下基层开展信访接待日活动的制度要坚持下去。随后闽东地区相继建立了地、县、乡三级固定的信访接待日和信访下基层制度。二是现场办公下基层。1989年7月19日，习近平同政府相关部门负责人一起到省定贫困乡寿宁县下党乡办公，切实了解群众困难，解决问题。由于乡政府没有办公场所，就在鸾峰廊桥上现场办公，下党乡成了"现场办公下基层"的起点。随后现场办公下基层制度也被建立起来。三是调查研究下基层。习近平在宁德地区多次组织大规模的农村情况调查，并撰写调查报告，《弱鸟如何先飞——闽东九县调查随感》就是在调查后撰写出来的。四是宣传党的方针政策下基层。1989年10月，习近平到福安调研，在范坑老区特困乡和群众面对面谈心，宣讲党的农村政策、扶贫政策，积极做好群众的思想政治教育工作，让群众对党、对国家充满信心。而今，由习近平倡导的"四下基层"早已在福建省生根发芽，枝繁叶茂。2013年福建人民出版社出版的《四下基层与群众路线》一书详细介绍了"四下基层"的具体内容和具体史实，"四下基层"对领导干部践行群众路线有着普遍而长远的指导意义。"四下基

---

① 习近平：《摆脱贫困》，福州：福建人民出版社2014年版，第13页。

层"把党的群众路线具体化到领导干部的现实工作当中,是深入基层优化政府服务职能的一种最直接的办法,能够促进领导干部工作作风的转变,增强其责任感和使命感。"治政之要在于安民,安民之道在于察其疾苦。"领导干部要权为民用、为民谋利,要四下基层、深入群众,才能够夯实群众基础,获取最为广泛的支持,才能发挥党最大的政治优势,凝聚社会力量,共同打赢脱贫攻坚战。

2.《摆脱贫困》的重要意义

《摆脱贫困》一书是习近平主政宁德期间留下的一笔宝贵精神财富,是引领闽东发展腾飞的大智慧。书中所蕴含的实践探索和理论创新,彰显了理论逻辑、实践逻辑以及历史逻辑的高度统一,是运用马克思主义世界观方法论分析和解决实际问题的典范,经过20多年的光阴洗礼,今天读来,更加熠熠生辉,历久弥新。在全面建成小康社会进入决胜阶段,在脱贫攻坚的关键时期,践行书中体现的重要观点和思想方略,对于我们培养务实作风、坚定为民情怀、提升思想境界、创新方式方法具有极强的理论指导价值和实践应用价值。

(1)《摆脱贫困》的理论价值

第一,体现了解放思想理论品格,强调一切从实际出发。《摆脱贫困》一书中的观点和思想是以马克思主义为指导的,与新中国成立以来尤其是改革开放以来的扶贫理论一脉相承、相互贯通。解放思想,实事求是,一切从实际出发,是马克思主义的基本原理,也是党一贯坚持的思想路线。习近平在《摆脱贫困》一书的跋中写道:全书的题目叫作"摆脱贫困",其意义首先在于摆脱意识和思路的"贫困",只有首先"摆脱"了我们头脑中的"贫困",才能使我们所主管的区域"摆脱贫困",才能使我们整个国家和民族"摆脱贫困",走上繁荣富裕之路。[①]

---

① 习近平:《摆脱贫困》,福州:福建人民出版社2014年版,第216页。

这里的意识和思路的"贫困"就是"假大空",就是教条主义,官僚主义,目光短浅,自以为是,不敢想,不敢闯,畏缩不前,不敢行动。习近平强调:"我是崇尚行动的。实践高于认识的地方正是在于它是行动。从这个意义上说,我们不担心说错什么,只是担心'意识贫困',没有更加大胆的改革开放的新意;也不担心做错什么,只是担心'思路贫困',没有更有力的改革开放的举措。"①他提出"摆脱头脑中的贫困",其意义就在于进一步思想解放,坚持改革开放,迎接新的历史机遇和挑战。

坚持一切从实际出发是办事的基本前提。习近平在带领闽东地区脱贫致富的道路上不断探索和实践,因地制宜。他强调,闽东地区经济落后,要脱贫致富,不能照抄照搬特区、开放城市的做法,要结合自身的实际,探索出一条与之相适应的路子,制定与实际相符合的政策措施。一是经济发展要从实际出发。针对部分干部群众希望能上一些大项目,如修铁路、建大港口、办开发区从根本上改变落后面貌的问题,他指出,寄希望于上重大项目,一下子抱个金娃娃,想法不切实际。正确的路子是:从本地实际出发,充分利用好现有的条件,扎扎实实抓好农业和其他基础建设,实现逐步发展。二是产业结构调整要从实际出发。要立足"大农业"的区情;要依区情区力,量力而行;要因地制宜,发挥区域优势;要根据自力更生的方针,工业的发展要与自我平衡能力相适应;要立足区域优势,科学地选择主导产业。三是对外开放要从实际出发。他说,由于时间、地点、生产要素组合不一样,开放模式也是多种多样的,不可能照搬特区、开放城市的做法。要根据自己的实际情况,摸索出一条与之相适应的路子。第四,文化建设要从实际出发。对此,他提出了符合闽东实际的建设性意见,一是为群众所喜闻乐见,能表现思想性,不能为了形式而形式,流于形式;二是要有群众性,脱离了

---

① 习近平:《摆脱贫困》,福州:福建人民出版社2014年版,第216页。

群众的形式，不利于调动大家的积极性；三是要少花钱，多办事，多讲经济效益，铜钱扔到水里也要有几个响声；四是要合乎大家的口味，不搞曲高和寡。①

第二，丰富了马克思主义群众观，凸显了人民的主体地位。人民群众是历史的创造者，是物质财富和精神财富的创造主体，更是社会主义国家发展的根本动力和赖以存在的基础力量。习近平在《干部的基本功——密切联系人民群众》一文中强调："党的领导是通过具体的路线、方针、政策来体现的，而我们的干部是党的路线、方针、政策的具体执行者，干部只有到人民群众中去，并且同人民群众保持血肉相联的关系，才能使党的方针、政策得到更好的贯彻。"② 在《同心同德兴民兴邦——给宁德地直机关领导干部的临别赠言》一文中指出："人民群众是我们党的力量源泉，群众路线是我们党的根本工作路线。因此，我们没有任何理由脱离群众，只有相信群众、依靠群众、关心群众的生活，我们的工作才能得到群众的理解和支持，我们的事业才能立于不败之地。"③ 这些讲话充分表明习近平始终坚持群众路线，真正与民同苦、与民同忧的为民情怀。"勾践栖山中，国人能致死。"习近平在党的十八届二中全会第二次全体会议上的讲话中引用顾炎武的这一名句，旨在勉励党员干部：只要真心实意为群众办事，就会得到群众真心实意地拥护，群众就会自觉自愿地和党员干部同心同德、共渡难关，共同为社会主义现代化建设出力。

（2）《摆脱贫困》的现实意义

第一，有助于坚持以经济建设为中心，把全面深化改革的各项部署和措施切实落到实处，为决胜全面小康实现中国梦提供物质基础。

---

① 赵振华：《感悟〈摆脱贫困〉》，《学习时报》2016年5月19日。
② 习近平：《摆脱贫困》，福州：福建人民出版社2014年版，第13~14页。
③ 习近平：《摆脱贫困》，福州：福建人民出版社2014年版，第208~209页。

在《摆脱贫困》一书的跋中，习近平写道，要实现中国的繁荣昌盛，尽短时间使整个国家"脱贫"，尽短时间使中国立于发达国家之林，唯有全民把经济建设当作最大的政治。在《提倡"经济大合唱"》一文中指出，一个地方的工作，也有主旋律，这就是社会主义经济建设。经济建设要有一个主旋律，要搞"经济大合唱"，得有总指挥，要讲协调、配合。在《弱鸟如何先飞——闽东九县调查随感》和《同心同德兴民兴邦——给宁德地直机关领导干部的临别赠言》两篇文章中都强调经济建设是基础是中心。社会的发展规律是不以人的意志为转移的，选择什么样的发展战略是由实践决定的。围绕经济建设这个中心，习近平走遍了闽东九县和毗邻的温州等地，在深入基层调查研究的基础上，提出要继续做好农业这篇大文章，但不能困守在小农经济上，而是要促成向现代大农业的转变，并加强科技兴农工作，加强对农村富余劳动力转移的积极引导；要以工业为动力，但不能贪大图全，而要突出经济效益，突出自身特点；还要做好脱贫工作，注意增强乡村两级集体经济实力。改革开放以来已取得的阶段性建设成果表明坚持以经济建设为中心符合我国的现实国情，符合历史发展规律。当前，我们的改革到了一个新的历史关头，习近平强调：经济建设仍然是全党的中心工作。全面建成小康社会，实现社会主义现代化，实现中华民族伟大复兴，最根本最紧迫的任务还是进一步解放和发展社会生产力。在全面深化改革中，我们要坚持以经济体制改革为主轴，努力在重要领域和关键环节改革上取得新突破，以此牵引和带动其他领域改革，使各方面改革协同推进、形成合力，而不是各自为政、分散用力。

第二，有助于加强精神文明建设，应对意识形态工作的各种挑战，为决胜全面小康实现中国梦提供精神动力。在带领宁德人民摆脱贫困的实践探索中，习近平始终把经济工作放在中心位置，同时，又高度重视社会主义精神文明建设。在《建设好贫困地区的精神文明》一文中指出:"真正的社会主义不能仅仅理解为生产力的高度发展,还必须有高度发展的精神文明——一方面要让人民过上比较富足的生活,另一方面要提高人民的思想道德水平和科学文化水平,这才是真正意义上的脱贫致富。""物质文明建设和精神文明建设是贫困地区脱贫致富过程的两个方面。两者相互关联,相互协调,相互促进。那种'一手硬,一手软'的倾向,那种认为物质文明建设是'硬劳动',精神文明建设是'软劳动',重硬轻软的做法,那种认为商品生产发展了,脱贫问题就自然而然地解决了的想法,都是违反辩证法的。我们脱贫致富的指导思想很明确:一方面把发展商品生产,建设社会主义经济作为根本任务和中心工作来抓,另一方面把荡涤旧社会遗留下来的污泥浊水,净化社会风气,提高人们的思想道德水平和科学文化素质作为一项战略目标予以重视。"① 这充分彰显了习近平对精神文明建设的高度重视。以马克思主义为指导的社会主义精神文明是社会主义社会的重要特征,是关系社会主义兴衰成败的大事。党的十八大以来,面对各种社会思潮的冲击和影响,意识形态工作面临各种挑战,习近平强调指出:我们在集中精力进行经济建设的同时,一刻也不能放松和削弱意识形态工作。在这方面,我们有过深刻教训。一个政权的瓦解往往是从思想领域开始的,政治动荡、政权更迭可能在一夜之间发生,但思想演化是个长期过程。思想防线被攻破了,其他防线就很难守住。我们必须把意识形态工作的领导权、管理权、话语权牢牢掌握在手中,任何时候都不能旁落,否则就要犯无可挽回的历史性错误。② 在全面深化改革的今天,面对各种社会思潮的冲击和影响,我们在集中精力进行经济建设的同时,切不可忽视精神文明建设,要坚持"两手抓,两手都要硬",为全

---

① 习近平:《摆脱贫困》,福州:福建人民出版社 2014 年版,第 149~150 页。
② 本刊评论员:《一刻也不能放松和削弱意识形态工作——认真学习贯彻全国宣传思想工作会议精神》,《求是》2013 年第 17 期,第 9~10 页。

面建成小康社会、实现中华民族伟大复兴中国梦提供思想保证、精神动力和智力支持。

第三，有助于改进党的作风建设，从严治党，为决胜全面小康实现中国梦奠定群众基础。古语有言："得民心者得天下。"中国共产党执政至今已达60多年，依靠全心全意为人民服务的宗旨、廉洁奉公的工作作风获得了扎实的群众基础。习近平在《廉政建设是共产党人的历史使命》一文中详细阐述了应如何改进党的工作作风，如何更好地履行共产党人的历史使命。他讲道："从总体上看，我们的党是能够经受住执政和改革开放的双重考验的，大多数党员讲奉献，立党为公；但是党内一小部分人的腐败问题确实已经到了难以容忍，不惩治不足以平民愤的地步。"[①]他联系闽东穷地区、穷家底、脱贫致富步履维艰的实际，强调党员干部要廉洁从政，团结和带领群众。他指出，共产党人要承担起廉政建设的历史使命，必须过好"两关"。一是自我关。"自身不正，何以正人？"要自觉接受教育，提高自我约束力。二是人情关。"反腐败必然要涉及到具体的人，如果涉及到自己的好友、同学、亲戚，是刚正不阿、铁面无私，还是手下留情，大事化小，小事化了？——如果是这样，我们在一个人身上丧失原则，我们就会在千百万人心上失去信任！"[②]要从根本上铲除腐败现象赖以生存的温床，即滥用私权。他指出，共产党人的权力是人民给的，我们在使用权力的时候就要让人民放心。要实行"两公开一监督"的制度，自觉接受人民群众的监督。新形势下，我们党仍面临着许多严峻挑战，党内仍存在着许多亟待解决的问题。党的十八大以来，中央下大力气以作风建设作为从严治党的切入点，把遏止"四风"作为治理党内腐败现象的重要抓手，作风

---

① 习近平：《摆脱贫困》，福州：福建人民出版社2014年版，第26页。
② 习近平：《摆脱贫困》，福州：福建人民出版社2014年版，第28页。

建设得到了加强。但作风建设不会一劳永逸,也不可能一蹴而就,而是一项永远在路上的重要任务,必须努力实现作风建设的制度化、规范化、常态化,正如习近平在庆祝中国共产党成立95周年大会上指出的,党的作风是党的形象,是观察党群干群关系、人心向背的晴雨表。党的作风正,人民的心气顺,党和人民就能同甘共苦。实践证明,只要真管真严、敢管敢严,党风建设就没有什么解决不了的问题。作风建设永远在路上。"己不正,焉能正人。"我们要从中央政治局常委会、中央政治局、中央委员会抓起,从高级干部抓起,持之以恒加强作风建设,坚持和发扬党的优良传统和作风,坚持抓常、抓细、抓长,使党的作风全面好起来,确保党始终同人民同呼吸、共命运、心连心。①

(二)扶贫开发的福建经验

八闽大地,八山一水一分田。福建省坐拥"台、侨、特、海"四大优势,改革开放以来经济社会发展突飞猛进,但同时老区多、山区多,县域发展不平衡,全省23个扶贫开发重点县,都是革命老区或中央苏区县,由于自然禀赋、发展基础等因素制约,发展水平仍然较低。作为全国较早实施扶贫开发的省份,习近平在闽工作期间,就在全国率先开展了山海协作联动发展、造福工程扶贫搬迁和选派党员干部驻村任职等行之有效的扶贫开发工作。一直以来,福建省委、省政府高度重视扶贫开发工作,按照习近平提出的"以改革创新引领扶贫方向、以开放意识推动扶贫工作"原则,发扬"弱鸟先飞,滴水穿石,久久为功"精神,持之以恒地推进扶贫开发工作。特别是党的十八大以来,福建省不断创新扶贫开发工作机制,全面实施精准扶贫精准脱贫战略,扶贫开发工作成效显著:2012~2016年五年间,农村贫困人口明显减少,

---

① 习近平:《在庆祝中国共产党成立95周年大会上的讲话》,《人民日报》2016年7月2日。

由130.5万降至20.44万人；扶贫对象收入显著提高，农村居民人均可支配收入由8779元升至14999元；造福工程累计搬迁157万人，7000多个自然村整体搬迁；全省23个省级扶贫开发工作重点县实现县县通高速、镇镇通干线，建档立卡贫困村全部实现道路硬化、全部通宽带、通广播电视，所有乡镇和有条件的行政村通了客班车，农村安全饮用水问题基本解决，为全面建成小康社会奠定了坚实基础。[①] 全省上下一心，凝聚起扶贫攻坚的强大合力，拉长短板乘势发展，谱写扶贫开发的福建经验。

1. "输血"与"造血"相结合

贫困地区最迫切的就是谋发展，发展需要激活内生动力，扶贫开发应坚持"输血"与"造血"相结合，"输血"济困，"造血"发展。因此，既注重"输血"，也特别强调增强"造血"功能，强化贫困人口的自我发展能力成为福建农村扶贫工作的一项重要任务。20多年前的寿宁县下党乡是宁德有名的无公路、无自来水、无电灯照明、无财政收入、无政府办公场所的"五无乡镇"；所在地通往四处毗邻乡镇都得翻山越岭步行10多公里，买卖东西只能靠肩挑背驮。为了改善下党乡的这种贫困状态，习近平曾经三次徒步走进下党乡调研。1991年，全乡上下铁心办交通，四方奔走筹资金，开通了总长12.5公里的进乡公路，其中3公里为柏油路。2005年，在省下派驻村干部的带领下，筹集投入资金260多万元，对道路进行拓宽和硬化，从此告别"泥灰抹面"的日子。下党乡的人民始终牢记当年习近平提出的发展思路，立足乡情、脚踏实地抓发展，因地制宜、扬长避短，走出一条水电强乡、农业富民、生态立乡的发展之路。历届乡党委、政府精准发力，通过引进新品种、建设示范基地、组建农民专业合作社等，种植发展茶园面积5700多亩、

[①] 林永龙、程枝文：《脱贫路上的铿锵足音》，《福建日报》2017年5月18日。

脐橙3000多亩、锥栗2000多亩、毛竹6000多亩,并充分利用互联网,将贫困村的产业与大众扶贫和消费需求有效对接,整合资源、打造品牌,使村民收入普遍翻倍,实现了富民强乡的梦想。① 这个曾是闽东四个特困乡之一的乡镇,如今旧貌换新颜,那些曾因穷困背井离乡讨生活的人纷纷回乡谋求新生活、新发展。寿宁县下党乡发生如此惊天动地的变化,离不开政府的扶持、政策的倾斜等"输血式"扶贫,但更大程度上还是村民们激发出"造血式"的内生动力,充分发挥自身优势,多想致富办法,发展特色产业,立志用自己的双手改变家乡面貌。"输血式"扶贫只能解一时之需,"造血式"扶贫才能解一世之忧,只有"输血"与"造血"结合,变被动救济为主动脱贫,才能走出脱贫致富的新路子。

2. 扶贫与扶智相结合

"治贫先治愚,致富先扶智",只有从根本上摆脱思想贫困,提高综合素养,培育自我发展和提升的能力,才能实现真正的脱贫致富。不少贫困地区的农民群众及一些农村基层干部的眼界、见识、办法和发展思路有很大局限性,因此有计划地充实领导骨干和人才力量,引导和帮助贫困地区干群共同找出适合当地发展的具体路子,已成为一种迫切的现实需要。派驻村干部是当前一项切合实际的措施,通过扎下人才这"一根针",带动上下各部门整合资源,形成服务"三农"的"千条线",将城乡各种资源统筹起来,增强贫困地区发展的合力。近5年来,福建省从省、市、县三级累计选派近万名优秀年轻干部到贫困村和村级组织薄弱村担任党组织第一书记,每期3年,实施"部门挂钩、资金捆绑、干部驻村"工作机制,对建档立卡贫困村全覆盖,各级挂钩部门共落实帮扶资金超百亿元,扶持贫困村项目5万多个,激发贫

---

① 本报采访组:《群众的赞许最甘甜》,《福建日报》2014年5月12日。

困地区人民对脱贫致富的信心，调动劳动促发展的积极性。扶贫先扶智，扶智在教育。教育是最具普惠性的扶贫开发，福建省通过开展教育扶贫，为贫困地区经济的发展提供后续动力，增加新鲜血液。2014年和2015年每年招募派遣250名左右"三支一扶"高校毕业生统筹安排到23个省级扶贫开发工作重点县从事支教、支农、支医和扶贫服务等，2015年省教育厅为缓解农村师资力量薄弱、骨干教师不足等矛盾，在全省公开招募150名左右优秀退休教师赴23个重点县城关以外的中小学、幼儿园支教。① 同时，福建省还加大财政性教育经费投入力度，改善贫困地区办学条件，力争不让一所学校掉队，不让一个孩子因贫失学，通过教育阻断贫困的代际传递。

3. 百姓富与生态美相结合

青山绿水是福建天然的珍贵资源，良好的生态环境是福建最优的竞争力。在发展进程中，如何既推进工业化进程又维护好难得的珍贵生态资源，是历届福建省委、省政府无法回避的重大问题。中共福建省委书记尤权指出："不能以牺牲环境为代价发展，这样的发展不可持续，一定要把发展与改善民生结合起来，应当是百姓富与生态美的有机结合。"② 福建省的23个省级扶贫开发工作重点县多数在山区，由于历史和客观自然条件原因，发展相对滞后却拥有特色生态方面的优势。福建省清醒地认识到，加快发展是紧迫任务，但不能心浮气躁、急于求成，走毁生态、拼资源、摊大饼的老路，各地发展要继续保持福建在生态、环保领域的独特优势。1994年福建省宁德市率先实施的"造福工程"完美体现了百姓富和生态美的结合。作为中国扶贫事业的起源地，被国务院扶贫开发领导小组命名为"中国扶贫第一村"的福鼎

---

① 郑璜：《精准扶贫的福建实践》，《福建日报》2015年12月7日。
② 朱海黎、巫奕龙、涂洪长：《福建打造"百姓富生态美"的科学发展格局》，《新华每日电讯》2013年8月7日。

磻溪镇赤溪村的改变改写了扶贫开发的历史,完美实践着百姓富和生态美的统一。三十多年前的赤溪村下山溪自然村自然条件过于恶劣,十年救助式扶贫成效甚微。1994年宁德政府决定实施全村搬迁的"造福工程",该村22户88位人均收入还不足200元的畲汉群众从此告别了山旮旯里的茅草房,搬到建制村所在地赤溪村,住进了新盖的楼房,打造出一个全新的赤溪村。"造福工程"在经济扶贫的同时,还壮大了生态经济,村民们的收入来源一部分是靠发展生态旅游业。到2014年,人均收入已达到近12000元,村财政收入从原来的负债10多万元变为收入25万元;2016年,人均可支配收入更是达到15696元,同比增长15%,村集体收入从2015年的32万元增长到50万元。赤溪村不仅变富,而且变美,走出了一条谋求百姓富和生态美统一的美丽乡村的独特发展之路。福建省级贫困县之一的建宁县是福建母亲河闽江正源头所在地,也是水土流失敏感地区,生态环境的质量直接影响到闽江中下游地区,为此当地实行了最严格的生态保护,"砍一棵树都要审批",2006年2月,闽江源经国务院批准为国家级自然保护区。①

正是在省委、省政府正确发展思路的引领下,福建的扶贫开发工作切实做到了经济效益、社会效益、生态效益同步提升,百姓富、生态美有机统一,23个省级扶贫开发工作重点县将资源转化为生产力,摆脱了"富饶的贫困",真正使贫困地区群众不断得到真实惠。2014年3月10日,《国务院关于支持福建省深入实施生态省战略加快生态文明先行示范区建设的若干意见》颁布,福建成为全国第一个生态文明先行示范区,这既是对福建生态文明建设成就的充分肯定,也是对福建生态文明建设提出新目标和新要求。2016年3月,福建省出台"十三五"生态省建设专项规划,提出到2020年要实现

---

① 朱海黎、梅永存、涂洪长:《"弱鸟"先飞强短板》,《新华每日电讯》2013年9月4日。

的主要目标，努力打造天更蓝、山更绿、水更清、环境更好的美丽福建。

4. 自力更生与借助外力相结合

内因是事物发展的根本原因，外因是事物发展、变化的条件，贫困地区脱贫攻坚，需要借助外力谋发展，自力更生齐奋斗。摆脱贫困离不开国家和政府在政策上予以扶持，也离不开社会各界伸出援助之手，但更多是要靠贫困群众自力更生，改善基本生产生活条件，真正达到脱贫致富的目标。福建省把扶贫开发作为一项战略任务，2014年各级各有关部门和社会各界投入扶贫开发重点村的帮扶资金达13.97亿元，用于9063个项目建设。同时，福建省不断探索完善企业结对帮扶做法，在省级重点村中安排53家央属、省属企业结对帮扶其中的74个特困村，每家企业每年帮扶资金不少于20万元，取得了良好成效。此外，福建省不断加大山海协作力度，强化资金、人才、项目等方面对口帮扶，重点推动23个省级扶贫开发工作重点县和对口帮扶县共建产业园区，目前已建成17个产业共建园区。在政府的主导和社会的扶持下，贫困地区坚持尊重贫困群众在扶贫开发中的主体地位，因地制宜，突出项目带动，着力增强贫困地区内在动力和发展活力。2014年，23个重点县生产总值增长10.5%，高于全省平均水平0.6个百分点，地方公共财政收入增长13.8%，高于全省平均水平2.3个百分点，农村居民人均可支配收入增长11.3%，高于全省平均水平0.4个百分点。三明市建宁县均口镇焦坑村是三明市扶贫开发协会第一个定点挂钩帮扶的村。根据当地特殊的地理和土壤条件，该村自2013年起开始试种紫薯并取得喜人成效，现已带动贫困户种植紫薯400多亩。同时，通过开展紫薯种植培训班，使紫薯的产量从最初的2800斤/亩提高到现在的3600斤/亩、产值3000元/亩，成为全县有名的紫薯种植示范基地，到2014年，村民收入提高了2930元，村财收入增加了10余万元。可谓贫困地区自力更生与借助外力相结合脱贫致富的成功案例。①

三、党的十八大以来对扶贫工作的新推动

党的十八大以来，习近平心系百姓冷暖，以贫困群众期盼为己任，几乎走遍全国14个集中连片特困地区，询饥饱、问冷暖、恤困苦，在不同时间、多种场合反复强调摆脱贫困实现小康的重要意义、指导思想和实现路径，高瞻远瞩、立意深远地阐明了新时期我国扶贫开发的重大理论和实际问题，构筑了新时期我国扶贫开发战略思想，成为全面建成小康社会的重要指导思想。党中央把脱贫攻坚作为关乎党和国家政治方向、根本制度和发展道路的大事，吹响了打赢脱贫攻坚战的进军号，脱贫攻坚取得显著成绩。2013年至2016年4年间，每年农村贫困人口减少都超过1000万人，累计脱贫5564万人；贫困发生率从2012年年底的10.2%下降到2016年年底的4.5%，下降5.7个百分点；贫困地区农村居民收入增幅高于全国平均水平，贫困群众生活水平明显提高，贫困地区面貌明显改善。②党的十九大再次吹响了摆脱贫困、决胜全面小康的激越号角。十九大报告指出，"让贫困人口和贫困地区同全国一道进入全面小康社会是我们党的庄严承诺"，又一次给贫困群众吃了"定心丸"，展示了打赢脱贫攻坚战的坚强决心，指出了实现脱贫攻坚目标的正确方向。

---

① 许雪亚、郑景顺：《用硬措施啃"硬骨头"——福建省全力推动扶贫开发工作深入实施》，《农村工作通讯》2015年，第15~22页。

② 《习近平在中共中央政治局第三十九次集体学习时强调 更好推进精准扶贫精准脱贫 确保如期实现脱贫攻坚目标》，《人民日报》2017年2月23日。

（一）共享——不容掉队

"共享是中国特色社会主义的本质要求。必须坚持发展为了人民、发展依靠人民、发展成果由人民共享，做出更有效的制度安排，使全体人民在共建共享发展中有更多获得感，增强发展动力，增进人民团结，朝着共同富裕方向稳步前进。""按照人人参与、人人尽力、人人享有的要求，坚守底线、突出重点、完善制度、引导预期，注重机会公平，保障基本民生，实现全体人民共同迈入全面小康社会。"[①] 共享并不仅存于人类的理想中，也不是平均主义，更不是人民公社时期的"大锅饭"，而是广大人民共同奋斗、共同分享改革开放和现代化建设成果并携手共赴富裕生活的"人人共建、人人共享"的理想状态。共享发展要的是解决"为谁发展"的问题，要求以公平正义为依托，以消除贫困为前提，以实现共同富裕为最终目标。在全面建成小康社会的冲刺阶段，让人民共享更多改革红利，给人民带来满满的获得感，应该是最重要的发展理念之一。

摆脱贫困是全面建成小康社会的标志性指标，也是共享发展最紧迫的体现，我们既要努力做大"蛋糕"，又要尽力分好"蛋糕"，让贫困群众共享经济发展成果，增强其获得感和安全感，因此扶贫工作是实现共享发展的基本条件和重要途径。同时，由于扶贫工作的本质是全社会动员帮助困难人群，从这个层面来说，共享又是实现贫困人口脱贫的重要抓手。消除贫困是实现发展成果共享的前提，扶贫开发要通过补齐短板，让人民群众共享发展成果，让全面建成小康社会不留死角，其中最困难的是推进革命老区、贫困山区人口的脱贫攻坚。陕

[①]《中共中央关于制定国民经济和社会发展第十三个五年规划的建议》，《人民日报》2015年11月4日。

西是国家集中连片特困地区覆盖较大的重点省份，贫困面大、贫困人口多、贫困程度深，大部分贫困人口分布在革命老区和深山区，脱贫攻坚任务十分艰巨。党的十八大以来，省委、省政府着眼于从源头上消除贫困，坚持把易地搬迁作为扶贫开发的主攻方向，大力实施避灾扶贫移民搬迁工程，使106.9万人搬出深山，走出了彻底斩断穷根、不让贫困代际传递的新路子，受到中央充分肯定和群众普遍欢迎。① 山西省吕梁市曾是革命老区，红军东征的主战场，而今其下辖13个县仍有10个县是贫困县，2014年年底全市尚有贫困人口61万，占到全省贫困人口的1/5。② 为了让吕梁贫困人口摆脱贫困，市政府在认真落实新农合各项规定的同时，与晋能集团（光伏产业）签订帮扶项目，2016年年底前在10个贫困县的1000个贫困村开启光伏扶贫电站建设，让贫困地区人民获取光伏扶贫资产收益，共享现代科技发展带来的经济效益。上述实践昭示了贫困革命老区政府和人民践行共享发展理念，立下愚公移山志，动员一切力量、排除一切困难，打赢脱贫攻坚战，实现一个不漏、一个不缺的全面小康的决心和信心。

（二）精准——定向发力

农村贫困人口如期脱贫、贫困县全部摘帽、解决区域性整体贫困，是全面建成小康社会的底线任务，是我们做出的庄严承诺。③ 随着扶贫工作进入冲刺期，单纯依靠一个政策、一项举措让上百万人脱贫已不现实，扶贫政策边际效应不断递减。党的十八大以来，以习近平同志为核心的党中央把扶贫开发工作摆在更加突出的位置，注重顶层设计、

---

① 中共陕西省委中心组：《坚持共享发展决胜脱贫攻坚》，《求是》2016年，第37~39页。
② 赵峻青：《吕梁精准扶贫点响开门炮》，《山西日报》2016年1月22日。
③ 《习近平在中共中央政治局第三十九次集体学习时强调　更好推进精准扶贫精准脱贫　确保如期实现脱贫攻坚目标》，《人民日报》2017年2月23日。

创新扶贫举措，凭借更明确的思路、更精准的举措，不断开创扶贫脱贫工作新局面。2013年11月，习近平在湖南湘西考察时首次提出"精准扶贫"概念，后来又在多个场合进一步阐述并丰富这一概念的内涵，从理论到实践形成了系统的思想，不仅成为指导我国扶贫工作的重要方针，为我国扶贫攻坚全面建成小康社会能够取得成功奠定了思想基础，提升了关于社会主义共同富裕的思想认识，是马克思主义中国化的又一重要理论成果。扶贫开发贵在精准，重在精准，成败之举在于精准。精准扶贫秉承的是"真扶贫、扶真贫"之核心理念，要解决的问题有三："扶持谁""谁来扶""怎么扶"。习近平在2015年11月召开的中央扶贫开发工作会议上给出了答案：扶持谁？——把真正的贫困人口弄清楚，把贫困人口、贫困程度、致贫原因等搞清楚，以便做到因户施策、因人施策。谁来扶？——加快形成中央统筹、省（自治区、直辖市）负总责、市（地）县抓落实的扶贫开发工作机制，做到分工明确、责任清晰、任务到人、考核到位。怎么扶？——按照贫困地区和贫困人口的具体情况，实施"五个一批"工程。发展生产脱贫一批，易地搬迁脱贫一批，生态补偿脱贫一批，发展教育脱贫一批，社会保障兜底一批。2015年，《中共中央、国务院关于打赢脱贫攻坚战的决定》发布，正式把"精准扶贫、精准脱贫"提升到打赢脱贫攻坚战的基本战略高度。2017年2月21日，习近平在中共中央政治局第三十九次集体学习时强调，"集中力量攻坚克难，更好推进精准扶贫、精准脱贫，确保如期实现脱贫攻坚目标"。"精准扶贫"已上升为国家战略，并逐步形成巨大的规模效应，成为扶贫开发的中国样本。

各地的脱贫攻坚实践成果证明了"精准扶贫"的正确性。2016年，428个贫困县成为电商扶贫试点，旅游扶贫则覆盖到2.26万个贫困村。作为脱贫攻坚的标志性工程，易地扶贫搬迁工程开局良好，全年249万人的易地扶贫搬迁建设任务如期完成，精准扶贫成效显著。习近平

2013年首提"精准扶贫"的湖南湘西自治州花垣县十八洞村，3年间，在各级扶贫组织的帮扶下，按照精准扶贫的要求，建立了专业合作社、通过探索股份合作扶贫、电商扶贫、资金整合模式、金融扶贫等一系列扶贫机制，2016年该村人均纯收入达7798元，最低为3200元，实现了全部脱贫，而且还被命名为"全国乡村旅游示范村""全国宜居镇村""省级文明村"，为全国的脱贫攻坚塑造了榜样。[①]

（三）发展——内生动力

全面建成小康社会最艰巨最繁重的任务在农村，特别是在贫困地区，必须凝心聚力，蹄疾步稳地推动发展。而对于如何加快贫困地区发展，习近平给出了答案。2012年12月在河北考察时他谈道，"要因地制宜、科学规划、分类指导、因势利导，各项扶持政策要进一步向革命老区、贫困地区倾斜"。2013年11月，在湖南考察时他进一步指出，"发展是甩掉贫困帽子的总办法，贫困地区要从实际出发，因地制宜，把种什么、养什么、从哪里增收想明白，帮助乡亲们寻找脱贫致富的好路子"。2014年5月，习近平在了解毕节扶贫经验时批示，要继续"为贫困地区全面建成小康社会闯出一条新路子"。他说，贫困地区发展要靠内生动力，一个地方必须有产业，有劳动力，内外结合才能发展。2015年10月，习近平在2015减贫与发展高层论坛上强调，坚持开发式扶贫方针，把发展作为解决贫困的根本途径，调动扶贫对象的积极性，提高其发展能力，发挥其主体作用。2017年6月，习近平在山西太原市主持召开深度贫困地区脱贫攻坚座谈会时再次强调，要注重激发贫困地区和贫困群众脱贫致富的内在活力，注重提高贫困地

---

① 《习近平"精准扶贫"擎起脱贫攻坚指路明灯》.http://news.cctv.com/2017/02/28/ARTID5SlUjbwfyBtFSXYOgUX170228.shtml.2017-02-28.

区和贫困群众的自我发展能力。

"十三五"是向全面小康目标冲刺的"最后一公里",贫困地区要与全国一道实现全面小康的目标,必须立足实际,以改革促发展。要重点发展贫困人口能够受益的产业,交通建设项目要尽量向进村入户倾斜,水利工程项目要向贫困村和小型农业生产倾斜,生态保护项目要提高贫困人口参与度和受益水平。要改进工作方式方法,多采用生产奖补、劳务补助、以工代赈等机制,教育和引导贫困群众通过自己的辛勤劳动脱贫致富。[①] 通过贫困人口参与扶贫项目的决策、实施和监督,充分发挥比较优势,找准符合贫困地区实际的脱贫致富路子,不断增强贫困地区发展的内在动力和外在活力。

最大的扶贫是发展,最深的动力在改革。地处贵州西部、乌蒙山腹地的贵州省六盘水市实施"三变"改革,走出了一条以改革发展推进脱贫致富的新路。2014年以来,该市推行资源变股权、资金变股金、农民变股民的"三变"改革,通过股权纽带把城乡各种资源要素整合到产业平台上来,有效解决了农村资源分散、资金分散、农民分散问题,推动了规模化、组织化、市场化发展。2年来,每年以100万亩的速度推进农业产业化发展,共有31.99万亩集体土地、18.1万亩"四荒地"、38.72万平方米水面、3450平方米房屋入股合作社、家庭农场、企业等经营主体,通过股权收益消除集体经济"空壳村"413个,"空壳村"占比从2013年的53.8%下降到15.3%;吸引8.9万户、31万农民通过入股变为股民,入股农民年人均增收1200元以上。2014年实现2.8万户、10万贫困人口脱贫,2016年有10万人以上脱贫,确保到2018年全部贫困人口脱贫。"三变"改革,改变了贫困群众的生存和发展空间,拓

[①] 《习近平在深度贫困地区脱贫攻坚座谈会上强调 强化支撑体系加大政策倾斜 聚焦精准发力攻克坚中之坚》,《人民日报》2017年6月25日。

宽了农民增收致富渠道，激活了农村发展的内生动力，壮大了村级集体经济，是习近平"大农业""大农合""大农政"的"三农"思想和"内源扶贫"思想在西部山区的成功实践。①

（四）扶志（智）——提升自信

习近平在中共中央政治局第三十九次集体学习时指出，干部群众是脱贫攻坚的重要力量，贫困群众既是脱贫攻坚的对象，更是脱贫致富的主体。要注重扶贫同扶志、扶智相结合，把贫困群众积极性和主动性充分调动起来，引导贫困群众树立主体意识，发扬自力更生精神，激发改变贫困面貌的干劲和决心，靠自己的努力改变命运。②扶贫工作，关键是一个"扶"字。给钱给物，只能解一时之困，精准扶贫不是强行脱贫，重要的是要拔除贫根，摆脱思想上的贫困即意识贫困和思路贫困。只有斩断穷根，帮助贫困地区人民甩掉贫困的思想帽子，树立理想信念，勇于向贫困发起挑战，才能真正开掘富源。2012年12月习近平在贫困地区和革命老区河北省阜平县考察时指出："治贫先治愚"，"只要有信心，黄土变成金"。③扶贫要送温暖，亦要扶志气，有了挑战贫困、摆脱贫困的志气还不够，还需要有底气和能力，摆脱贫困亦需要知识与智慧，因此，扶贫要扶志，扶贫亦要扶智，治贫必治愚。知识是力量的源泉，百年大计教育为本，培养智慧、提升能力的根本在于教育，通过教育提升贫困人口的知识水平和思想素质是从根本上阻隔贫困的代际传递的有效途径，并为贫困地区脱贫提供力量。对此习

---

① 《贵州六盘水市："三变"改革成为精准扶贫"新引擎"》。http:// news.xinhuanet.com/local/2016-04/05/c_1118532771.htm.2016-04-05.

② 《习近平在中共中央政治局第三十九次集体学习时强调 更好推进精准扶贫精准脱贫 确保如期实现脱贫攻坚目标》，《人民日报》2017年2月23日。

③ 《习近平到河北阜平看望慰问困难群众时强调 把群众安危冷暖时刻放在心上 把党和政府温暖送到千家万户》，《人民日报》2012年12月31日。

近平曾指出：发展乡村教育，让每个乡村孩子都能接受公平、有质量的教育，阻止贫困现象代际传递，是功在当代、利在千秋的大事。①

在党中央的领导下，各贫困地区加大教育投资力度，实现扶贫扶智。近两年，山西为实现地区脱贫，开启了针对省内贫困高职、中专学生的"雨露计划"，意在减轻高职贫困生的经济压力，避免辍学的现象；重庆市云阳县边远高寒山区学校和村校办学条件差、师资力量薄弱，对此县政府实施"暖冬计划"，安装供暖设备保障学生正常上课，同时开启培养全科教师计划，并每年派遣 100 名市属学校教师支教，以提升贫困地区的教学质量；广西百色市实施"结对帮扶全覆盖"，派出 65584 名干部职工实行从小学到中学到大学直至就业全程结对帮扶，确保贫困学生不失学、不辍学，直至完成学业就业。各地积极实践教育扶贫，用科学的态度营造起扶贫扶志扶智的制度环境，通过"脑袋智慧"来促进"口袋致富"，解决"人的素质性脱贫"问题，引导民众主动参与乡村建设。说到底，扶起贫穷的人们，最终是要让他们自己站立。

（五）合力——各方参与

习近平指出，"扶贫开发是全党全社会的共同责任，要动员和凝聚全社会力量广泛参与。要坚持专项扶贫、行业扶贫、社会扶贫等多方力量、多种举措有机结合和互为支撑的'三位一体'大扶贫格局，健全东西部协作、党政机关定点扶贫机制，广泛调动社会各界参与扶贫开发积极性。"②没有贫困地区的小康，就没有全面建成小康社会；没有贫困群众的脱贫致富，就无法筑牢共同富裕的坚实基础。向贫困宣战

---

① 《习近平主持召开中央全面深化改革领导小组第十一次会议强调 深刻把握全面深化改革关键地位 自觉运用改革精神谋划推动工作》，《人民日报》2015 年 4 月 2 日。
② 《习近平在部分省区市党委主要负责同志座谈会上强调 谋划好"十三五"时期扶贫开发工作 确保农村贫困人口到 2020 年如期脱贫》，《人民日报》2015 年 6 月 20 日。

是一个全社会的话题,必须凝聚各方力量,调动多种资源。

　　脱贫攻坚,党和政府所起的作用不言而喻,社会的力量同样也不容忽视。各级党委、政府要站在政治、全局和战略的高度,始终把脱贫攻坚作为重大政治任务来抓,作为最大、最急、最紧的民生工程来抓,牢固树立"打硬仗、打胜仗"的理念,以时不我待、只争朝夕的责任感、紧迫感,以背水一战、决战决胜的坚定决心,夺取脱贫致富奔小康的全面胜利;广大党员干部要自觉担负起义不容辞的神圣使命,盯住制约贫困地区发展的重点问题特别是最突出的民生难题,以"钉钉子"精神一项一项加以解决,让贫困群众看得见、感受得到扶贫成效,使贫困地区年年都有新变化;社会各方力量要携手共进、广泛参与,凝聚起攻坚克难的强大合力,形成政府、市场、社会系统推进的大扶贫格局,努力啃下脱贫攻坚的"硬骨头",戮力同心打赢这场硬仗,补齐全面建成小康社会的短板,实现互利多赢。

　　一人难挑千斤担,众人能移万重山。西藏作为全国唯一的省级集中连片特困地区,"十二五"期间牢牢锁定贫困人口和贫困村镇,向绝对贫困发起总攻,初步形成了政策扶贫、专项扶贫、行业扶贫、金融扶贫、援藏扶贫"五位一体",政府、市场、社会协同推进的大扶贫格局。自治区党委、政府以多种方式推动贫困地区发展,农牧区基础设施、基本公共服务条件明显改善,全区60多万农牧民基本解决安全饮水问题,建制村全部通电,乡镇和建制村公路通达率分别达99%和97%,10多万贫困群众住上了安全适用住房;以免费医疗为基础的农牧区医疗制度实现全覆盖,全区小学、初中入学率分别达99%、98%,广播电视人口综合覆盖率分别达到94%和95%,建成543个乡镇综合文化站。同时,社会扶贫也已成为西藏大扶贫工作格局中不可缺少的一支重要力量,2015年自治区出台了《关于进一步动员社会各方面力量参与扶贫开发的实施意见》,明确了党员领导干部对口扶贫、定点扶贫、援藏扶贫、企业和社会组织等各界力量参与扶贫的具体措施，进一步健全大扶贫格局。到2015年，全区实现了41.42万贫困群众稳定脱贫，贫困发生率由2010年的49.62%下降到32.95%，贫困群众收入增长幅度高于全区平均水平3个百分点。西藏的扶贫工作交出了一份不俗的减贫成绩单，鲜活的实践证明，积极引导社会力量广泛参与，形成决战贫困强大合力，就一定能满足人民的期待，打赢脱贫攻坚战。

第二章
新发展理念：摆脱贫困奔小康的行动指南

"没有思想就没有灵魂，没有理念就没有方向。"党的十八届五中全会伫立于承前启后的历史节点上，聚焦全面建成小康社会的宏伟目标，从全局性、根本性、方向性和长远性着眼，确立了我国经济社会发展必须牢固树立创新、协调、绿色、开放、共享的新发展理念，这是以习近平同志为核心的党中央在对国内外发展经验进行深刻总结、对国内外发展大势予以准确把握的基础上，针对我国发展过程中存在的突出矛盾和问题提出的，凝聚了各个方面的发展共识，回应了全国各族人民对发展的新期待，体现了党对我国经济社会发展规律认识的深化，是全面小康如期建成的科学指南，有助于破解发展中存在的不平衡、不协调、不可持续的难题。全面小康乃是人人共享、不容许一个人掉队的小康，这正是全面建成小康社会的难点所在与攻坚所指。在全面建成小康社会的决胜阶段，必须准确把握新发展理念，并将其完整地贯彻落实到脱贫的具体实践中，全力做好补齐短板这篇大文章，让贫困地区和贫困人口及早甩掉贫困的帽子，通过破解发展难题来提升发展质量和效益，使我国进入决战贫困的新境界。

一、新发展理念是全面建成小康社会的科学指南

发展理念是发展行动的先导,有什么样的理念,就有什么样的发展。2017年7月26日在省部级主要领导干部"学习习近平总书记重要讲话精神,迎接党的十九大"专题研讨班开班式上,习近平指出,党的十八大以来的五年,是党和国家发展进程中很不平凡的五年,我们坚定不移贯彻新发展理念,有力推动我国发展不断朝着更高质量、更有效率、更加公平、更可持续的方向前进。①"十三五"时期是全面建成小康社会的最后冲刺阶段,行百里者半九十,中国的发展迈向了一个极其关键的历史窗口期。发展的新阶段、形势的新变化,必然要求发展理念与时俱进,针对时代的问题谋划破解之策、发展之道。习近平指出:"提出创新、协调、绿色、开放、共享的发展理念,在理论和实践上有新的突破,对破解发展难题、增强发展动力、厚植发展优势具有重大指导意义。"②它是顺应时代发展潮流、契合我国发展实际的战略抉择,丰富和拓展着马克思主义发展观,是全面建成小康社会的科学指南与基本遵循。

(一)新发展理念:对中国特色社会主义发展规律的新认识

党的十八大以来,以习近平同志为核心的党中央顺应发展潮流,审时度势,牢牢抓住发展中国特色社会主义这一主线,着眼新的发展

---

① 《习近平在省部级主要领导干部"学习习近平总书记重要讲话精神,迎接党的十九大"专题研讨班开班式上发表重要讲话强调 高举中国特色社会主义伟大旗帜 为决胜全面小康社会实现中国梦而奋斗》,《人民日报》2017年7月28日。

② 习近平:《关于〈中共中央关于制定国民经济和社会发展第十三个五年规划的建议〉的说明》,《人民日报》2015年11月4日。

实践，不断推进理论创新，形成了一系列关于发展的目标、动力、布局以及保障等新的理念和新的思想，尤其是在我国经济发展进入新常态，发展环境、条件、任务、要求都发生深刻变化的大背景下提出来的"创新、协调、绿色、开放、共享"的新发展理念，科学回应了社会主义本质要求，坚持了社会主义发展方向，把我们党对经济社会发展规律的认识提升到新的高度。正如习近平所指出的，"五大发展理念，是'十三五'乃至更长时期我国发展思路、发展方向、发展着力点的集中体现，也是改革开放30多年来我国发展经验的集中体现，反映出我们党对我国发展规律的新认识"。①

1.新发展理念是对国际国内现代化建设经验教训的清醒认识。第二次世界大战后，加快经济增长、实现经济社会发展，成为世界各国的共识，人类创造了前所未有的经济增长成就。与此同时，由于发展理念存在一定的偏差导致一系列不良恶果：实行先发展、后治理的模式，致使生态环境严重恶化；过于注重经济增长速度导致经济结构失衡、发展质量不高、后劲不足，甚至出现了诸如贫富悬殊、失业增加、社会腐败、政治动荡等不良后果。新发展理念是我们党清醒认识世界发展大势，科学把握发展之内在规律，面对国内国外现代化建设的经验教训进行理性梳理、深刻总结的必然结果。

2.新发展理念是对我国经济社会发展规律的客观总结。作为事关我国发展大局的一场深刻变革，新发展理念的提出是基于改革开放的蓬勃发展以及从社会发展的内在联系把握发展思路、分析和处理发展中的现实问题。伴随着党的发展理念的丰富发展，从"八五"时期的"发展就是硬道理"，到"九五"时期的"可持续发展"，到

---

① 习近平：《关于〈中共中央关于制定国民经济和社会发展第十三个五年规划的建议〉的说明》，《人民日报》2015年11月4日。

"十五""十一五""十二五"的"科学发展观",再到现在针对我国经济发展进入新常态、世界经济复苏低迷形势提出的新发展理念,充分彰显了我们党对发展问题的高度重视和中国共产党人在实践中不断完善发展观的生动历程。可以说,每一次发展理念的创新,无不体现了我们党在领导革命、建设和改革的过程中,根据时代发展需要以及重大社会现实问题的变化,不断推进理论创新而逐步形成并加以完善的中国化马克思主义的发展观,这不仅是对我国发展规律的准确把握,而且充分整合了全社会的共识和凝聚力,使党的执政能力与执政水平得以提升。新发展理念的提出是对新中国成立60多年特别是改革开放以来的社会主义建设实践经验的深刻总结,是社会主义本质要求的新概括和对中国特色社会主义理论体系的新拓展。

3. 新发展理念是对发展新阶段的基本特征的深刻洞悉。作为世界上最大的发展中国家,中国以发展为第一要务。进入全面建成小康社会收官阶段,在发展环境、条件、任务以及发展要求等方面产生新的变化,从而使我国的发展既蕴藏巨大潜力,也遭遇严峻挑战。一方面,国际国内环境发生深刻变化,我们面临重要的战略机遇期。从国际环境而言,世界政治经济总体上有利于维护世界和平与发展大局,我国发展具有相对稳定的外部环境;从国内环境而言,我国物质基础雄厚、人力资本丰富、市场空间广阔、发展潜力巨大,经济长期向好的基本面没有改变。经济发展新常态下,伴随着发展动力的转换,带动发展方式的转变和经济结构的优化,新的发展活力将不断释放。另一方面,也必须清醒看到,全面建成小康之路并非顺达通畅,来自国内外的多重发展阻力,增大了如期完成任务的难度。全球经济尚在复苏之中且进展缓慢,加之债务周期与停滞周期叠加,我国的外部发展环境愈加复杂多变、扑朔迷离;同时,我国经济社会发展面临的诸如创新能力不强、城乡区域发展不均衡、人口红利消失、资源环境约束趋紧、收入分配差距的趋势依然存在，农业基础薄弱、城乡贫困人口和低收入人口还有相当数量等一系列不平衡、不协调与不可持续问题，如不及时调整发展理念，将难以跨越"中等收入陷阱"。发展的新课题新矛盾，迫切需要树立新的发展理念，并以此破解发展难题，开拓更为广阔的发展空间，党的十八届五中全会依据"我国发展仍处于可以大有作为的重要战略机遇期，也面临诸多矛盾叠加、风险隐患增多的严峻挑战"[①]这一基本特征，明确提出新发展理念，使发展的具体内涵得以丰富和充实。

（二）新发展理念：中国特色社会主义发展理论的新升华

"创新、协调、绿色、开放、共享"新发展理念作为我们党治国理政的新理念，系统回答了关于发展的目的、方式、路径、着力点以及衡量标准等一系列问题，是管全局、管根本、管长远的发展导向和发展要求，拓展和丰富了中国特色社会主义发展理论，为引领经济发展新常态、决胜全面建成小康社会提供强大思想武器和行动指南。深刻认识和把握新发展理念的内涵和特点，对"十三五"乃至更长时期的发展思路、发展方向和发展着力点具有重要的引领作用。

"创新发展"，强调把创新摆在国家发展全局的核心，成为引领经济社会发展的第一动力，侧重解决如何激发新的发展动力问题。"协调发展"，强调正确处理发展中的重大关系，在各领域协同共进中拓宽发展空间，增强发展的整体性，为提升发展整体效能、推进全面进步提供有力保障，侧重解决如何化解发展不平衡问题。"绿色发展"，强调坚持节约资源和保护环境的基本国策，坚定走生产发展、生活富裕、生态良好的文明发展道路，实现经济发展与环境保护共赢，侧重解决

[①]《中共中央关于制定国民经济和社会发展第十三个五年规划的建议》，《人民日报》2015年11月4日。

如何形成人与自然的和谐共生问题。"开放发展"，强调顺应我国经济深度融入世界经济的趋势，奉行互利共赢的开放战略，构建广泛的利益共同体，实现中国与世界良性互动，侧重解决如何促进经济社会发展中的内外联动问题。"共享发展"，强调坚持发展为了人民、发展依靠人民、发展成果由人民共享，使全体人民在共建共享发展中有更多获得感，为经济社会发展注入更多来自人民的深层动力，侧重解决社会公平正义问题。

创新、协调、绿色、开放、共享新发展理念各有侧重又互相联系，紧紧围绕促进全面建成小康社会、坚持和发展中国特色社会主义，体现了对社会主义本质要求和发展方向的科学把握。创新发展是全面建成小康社会的关键动力，是坚持和发展中国特色社会主义的根本支撑；协调发展是全面建成小康社会的重要保证，是坚持和发展中国特色社会主义的有力保障；绿色发展是全面建成小康社会的历史选择，是坚持和发展中国特色社会主义的必由之路；开放发展是全面建成小康社会的历史总结，是坚持和发展中国特色社会主义的必然要求；共享发展是全面建成小康社会的目的所在，是坚持和发展中国特色社会主义的必然选择。五个方面层层递进，形成相互贯通相互联系的有机整体。[①]

新发展理念既是一种发展思路，更是一种执政理念，它坚持了人民的主体地位，从解决人民群众最关心最直接最现实的利益问题入手，始终围绕着"人民对美好生活的向往就是我们的奋斗目标"，充分体现了中国共产党一贯倡导和坚持的全心全意为人民服务的根本宗旨和人民至上的价值取向。创新发展的主体是人民；协调发展、绿色发展、开放发展让人民获得更大发展空间，顺应了人民对美好生活的追求；共享

---

① 张建：《"五大发展理念"：全面建成小康社会的科学指南》，《理论导刊》2016年，第59~62页。

发展是新发展理念的目的和归宿，旨在让发展成果由人民共享，使全体人民在共建共享发展中有更多获得感。新发展理念致力于解决"怎样发展"和"发展为了谁"的问题，形成一个要求人人参与、人人尽力、人人享有的多系统、多维度的有机整体，共同引领我国发展实践，开辟了我们党治国理政的新境界，开拓了科学发展的新路径，开创了改革开放发展的新天地。

二、以新发展理念为指导，开辟脱贫奔小康的新境界

发展理念来自发展实践，并指导人们的发展实践。新发展理念是我们党治国理政方面的重大理论创新，是全面建成小康社会的科学指南。2016年1月29日习近平在主持中共中央政治局第三十次集体学习时强调，创新、协调、绿色、开放、共享的发展理念，集中体现了"十三五"乃至更长时期我国的发展思路、发展方向、发展着力点，是管全局、管根本、管长远的导向。新发展理念就是指挥棒、红绿灯。[①]党的十八大以来，党中央对脱贫攻坚做出新的部署，吹响了打赢脱贫攻坚战的进军号，四梁八柱的顶层设计基本形成，脱贫攻坚取得显著成绩。然而，对于中国的减贫事业来说，接下来几年的考验严峻而关键。越往后脱贫难度越大，因为剩下的大都是条件较差、基础较弱、贫困程度较深的地区和群众。要把深度贫困地区作为区域攻坚重点，确保在既定时间节点完成脱贫攻坚任务。[②]基于新形势、新任务、新机遇和新挑战，贫困地区必须用新发展理念引领发展行动，以坚持农民主体

[①]《习近平在中共中央政治局第三十次集体学习时强调 准确把握和抓好我国发展战略重点 扎实把"十三五"发展蓝图变为现实》，《人民日报》2016年1月31日。

[②]《习近平在中共中央政治局第三十九次集体学习时强调 更好推进精准扶贫精准脱贫 确保如期实现脱贫攻坚目标》，《人民日报》2017年2月23日。

地位、增进农民福祉为出发点和落脚点,准确把握实际,厚植贫困农村发展优势,集中力量推进脱贫攻坚,强化基础、补齐短板、共奔小康,提升跨越发展新境界。

（一）坚持创新发展，培育贫困地区经济增长新动力

全面建成小康社会，从根本上说是发展的问题，而创新永远是推动一个国家、一个民族勇往直前的重要力量，是引领中国可持续发展的第一动力源。党的十八届五中全会提出创新发展理念，强调"创新是引领发展的第一动力。必须把创新摆在国家发展全局的核心位置，不断推进理论创新、制度创新、科技创新、文化创新等各方面创新，让创新贯穿党和国家一切工作，让创新在全社会蔚然成风"①。这是为了破解新形势下的发展动力问题而提出来的，蕴含着深刻内涵：创新发展是全方面的，包括理论创新、制度创新、科技创新、文化创新等各方面创新；创新发展具有穿透力，是贯穿党和国家一切工作的战略主线，是经济社会发展的基础动力；创新发展具有社会性，离不开全社会形成创新风尚。创新被置于新发展理念的首位，而且被摆在国家发展全局的核心位置，对创新的空前重视，有着鲜明时代特色和现实针对性。习近平指出："我们党之所以能够历经考验磨难无往而不胜，关键就在于不断进行实践创新和理论创新。"②坚持创新发展理念，必须以时不我待的紧迫、锲而不舍的定力、奋发有为的进取，不断汲取人民群众的智慧，科学把握创新规律，为全面建成小康社会、实现中华民族伟大复兴提供不竭的动力源泉。

---

① 《中共中央关于制定国民经济和社会发展第十三个五年规划的建议》，《人民日报》2015年11月4日。

② 霍小光：《习近平在七大会址论党的实践创新和理论创新：永无止境》。http://news.xinhuanet.com/2015-02/15/c_1114372592.htm，2015-02-15。

创新发展，是全面建成小康社会的先导。到 2020 年全面建成小康社会，是中国特色社会主义由"先富"转向"共富"的一个重要节点，而贫困是全面建成小康社会必须迈过的一道坎。贫困地区发展缓慢，有区位优势不独特、资源优势不明显、产业发展不规模、基础设施建设滞后等方方面面的因素，但其中最关键的是缺乏创新意识，更缺乏创新举措，工作推进按部就班、党员干部对创新知识学习不足、创新经验借鉴不够，创新型人才匮乏，导致本地区固有的创新发展元素未能很好挖掘，后发优势未能凸显。

多年的基层工作经历使习近平对贫困问题有着深切的感悟和思考。20 多年前，当他担任宁德地委书记时面临的首要问题就是如何发展经济，解决老百姓的温饱。在《摆脱贫困》一书中他一针见血地指出，物质贫困并不可怕，可怕的是由于长期的物质贫困而导致人们"头脑中的贫困"，即精神贫困。他把精神贫困具体区分为思路贫困和意识贫困，"思路贫困"就是由于缺乏认识问题、分析问题和解决问题的科学思想武器，从而缺乏摆脱物质贫困的有效思路和方法，导致要么安贫乐道穷自在，要么怨天尤人等靠要，而没有积极行动起来想办法找出路。"意识贫困"就是由于缺乏自信和自尊，从而缺乏行动的意义和价值目标，缺乏向上的志气和行动的勇气，"见人矮一截，提不起精神，由自卑感而产生'贫困县意识'"[1]。《摆脱贫困》在《跋》中有言："只有首先'摆脱'了我们头脑中的'贫困'，才能使我们所主管的区域'摆脱贫困'，才能使我们整个国家和民族'摆脱贫困'，走上繁荣富裕之路。"[2]

那么，贫困地区如何在摆脱意识贫困和思路贫困中获取发展动力？习近平认为解放思想是摆脱贫困的关键，强调观念"先飞"、思想先行

---

[1] 习近平:《摆脱贫困》，福州：福建人民出版社 2014 年版，第 68 页。
[2] 习近平:《摆脱贫困》，福州：福建人民出版社 2014 年版，第 216 页。

的重要性，指出"地方贫困，观念不能'贫困'"，"当务之急，是我们的党员、我们的干部、我们的群众都要来一个思想解放、观念更新"。"扶贫先要扶志"，他多次强调，"弱鸟可望先飞，至贫可能先富，但能否实现'先飞''先富'，首先要看我们头脑里有无这种意识"，"贫困地区完全可能依靠自身的努力、政策、长处、优势在特定领域'先飞'，以弥补贫困带来的劣势"。"我们不担心说错什么，只是担心'意识贫困'，没有更加大胆的改革开放的新意；也不担心做错什么，只是担心'思路贫困'，没有更有力的改革开放的举措。"[①] 正是在他的大力推动下，宁德的干部群众逐步打破传统保守观念，大胆创新，迸发出新的发展活力。

在全面建成小康社会的决胜阶段，扶贫开发作为一项重点内容被列入"十三五"规划。2015年的中央扶贫开发工作会议上，习近平下达了消灭贫困的决战令，释放出向贫困发起总攻的强烈信号。为实现到2020年所有贫困地区和贫困人口一道迈入全面小康社会的目标，确保脱贫攻坚战的胜利，我们更加需要保持思想的活力，针对制约贫困地区发展的突出问题，确立创新在贫困地区发展全局中的核心地位，立足于贫困地区独有的特色资源、淳朴民风以及政策倾斜等优势，科学把握创新规律，营造良好创新环境，让创新贯穿于扶贫攻坚的全过程，通过创新理念激发扶贫开发新活力，培育贫困地区经济增长新动力，为贫困地区弯道取直、后发赶超、如期建成小康社会增添活力。

1. 创新扶贫开发路径，由"大水漫灌"向"精准滴灌"转变。作为贫困治理的重要实践者与开拓者，新中国自成立以来就一直致力于消除贫困，尤其是改革开放以来走出了一条极具特色的减贫之路，创造了7亿多人口成功脱贫的世界奇迹和人类壮举，人民生活基本实现

---

① 习近平：《摆脱贫困》，福州：福建人民出版社2014年版，第2、3、216页。

小康。然而，基本不是全面，要实现共同富裕，中国还要打一场脱贫攻坚的硬仗。如何打赢脱贫攻坚战，事关贫困人口的福祉和全面小康社会的建成。习近平指出，扶贫开发到了攻克最后堡垒的阶段，所面对的多数是贫中之贫、困中之困，需要以更大的决心、更明确的思路、更精准的举措抓工作。要真扶贫、扶真贫、真脱贫。①面对多年的减贫工作之后剩余的"硬骨头""大难题""深水区"，扶贫开发的路径需要从"大水漫灌"转向"精准滴灌"，从千篇一律转向个性化定制。针对扶贫底数不够清、指向不够准、针对性不够强等问题，扶贫单元应从瞄准区域转向瞄准农户，在区域发展格局下更加注重扶持贫困农户发展，直接满足贫困人口的基本生存和发展需求，瞄准"穷根"、精准发力，全面了解不同贫困区域和农户的状况，分析贫困程度、找准致贫原因、了解脱贫需求，并结合贫困个体的实际情况，坚持分类指导，对症施策，增强扶贫的针对性和实效性，在全面建成小康社会进程中不让一个人掉队。精准扶贫是扶贫工作科学性的体现，剩余的几千万贫困人口分布在哪里？为何贫困？怎么帮扶？其工作量极大，非严谨细致不足以求公平，非实事求是不足以树公信。正如习近平指出的，打好脱贫攻坚战，贵在精准，重在精准，成败之举在于精准。②

2. 创新扶贫资源利用方式，由多头分散向统筹集中转变。贫困地区最大的发展瓶颈是基础设施落后、欠账较多，要打好扶贫资源使用的组合拳，建立"多条渠道进水、一个龙头出水"的项目整合机制和部门协作机制，整合扶贫整村推进、以工代赈、财政奖补、危房改造、道路建设、交通安全、文化和教育卫生等项目资金以便统筹使用，最大

---

① 《习近平在东西部扶贫协作座谈会上强调　认清形势聚焦精准深化帮扶确保实效　切实做好新形势下东西部扶贫协作工作》，《人民日报》2016年7月22日。

② 习近平：《谋划好"十三五"时期扶贫开发工作　确保农村贫困人口到2020年如期脱贫》，《人民日报》2015年6月20日。

限度地提高项目资金的使用效率。要探索成立扶贫基金管理机构,搭建农村各类资源要素合理有序流动交易平台,拓宽扶贫资金渠道,提高扶贫资金使用效益。要探索整合资金机制,按照生活救助、基本生产条件改善、特色产业发展、扶贫搬迁、公共服务、能力建设等大类进行项目资金整合,统筹运用好资金、资产、资源,完善贫困村的教育、卫生、水、电、路等基本公共服务和基础设施,保障贫困人口的基本生产生活需求,探寻增收渠道,推进现代农业建设,集中力量精准脱贫。

3. 创新扶贫开发模式,由偏重"输血"向注重"造血"转变。贫困人口难以脱贫致富的主要原因不外乎劳动力素质偏低、产业支撑乏力、基础设施相对滞后等,因此,发展是甩掉贫困帽子的总办法。习近平指出,贫困地区要激发走出贫困的志向和内生动力,以更加振奋的精神状态、更加扎实的工作作风,自力更生、艰苦奋斗,凝聚起打赢脱贫攻坚战的强大力量。[1]贫困农村脱贫致富实现全面建成小康,离不开"输血"即"授人以鱼"的外部帮扶,但更重要的还在于激发内生动力,"授人以渔"以增强贫困人口自我发展的"造血"功能,把"造血"和"输血"有机结合起来。一是突出产业扶贫。实践表明,产业是脱贫之基和强县之本,是增收致富的"摇钱树"和提振能力的"试金石",也是区域经济发展的"发动机"和扶贫开发的"生命线"。贫困地区要充分发挥比较优势,根据自身自然条件、要素禀赋、经济水平,根据市场经济的理念和规律,谋划主导产业,通过因地制宜发展特色产业,引导培育富民增收产业,形成"一村一品""一乡一业"的规模化农业产业发展格局,大力推进以特色农业、民族和边关旅游、劳务经济等为主的产业扶贫,提升"造血能力",加快贫困农村脱贫致富奔小康和建

---

[1]《习近平在东西部扶贫协作座谈会上强调 认清形势聚焦精准深化帮扶确保实效 切实做好新形势下东西部扶贫协作工作》,《人民日报》2016年7月22日。

设社会主义新农村的步伐。二是夯实基础扶贫。加大投入建设贫困地区的水、电、路、房、通信等基础设施，有效改善贫困群众的生产生活条件，为脱贫攻坚奠定坚实基础。加快建设贫困地区社会保障体系，及时兑现落实救助、补贴、低保等政策，解决贫困群众的基本生存问题。要通过设立专项扶持基金、搭建财政信用担保融资平台等方式，发挥政府财政专项资金的引导作用，促进社会资金共同扶持和参与扶贫。三是注重精神扶贫。在加大扶贫资金投入和物资支援的同时，通过宣传发动、教育培训、典型示范，提高贫困人口的科学文化素质和思想道德素质。

4.改进贫困县考核机制，由主要考核地区生产总值向考核扶贫开发工作成效转变。习近平强调，扶贫工作必须务实，脱贫过程必须扎实，脱贫结果必须真实，脱贫计划不能脱离实际随意提前，扶贫标准不能随意降低，决不能搞数字脱贫、虚假脱贫。[①]要引导贫困地区党政领导和干部把工作重点放在扶贫开发上，进一步强化脱贫攻坚领导责任制，逐级立下军令状，层层签订任务书。坚持"一把手带头"，各级党政主要负责人以身作则、率先垂范，真正把扶贫工作抓在手上、扛在肩上。健全单位包村、干部包户机制，促进各级干部重心下沉、工作前移，不脱贫不脱钩。配备"一班最强人马"，抓好组织协调，在扶贫一线锻炼干部，调集熟悉基层、能打硬仗、有办法、善操作的干部，加强扶贫工作力量。健全脱贫成效评估机制，坚持年度脱贫攻坚报告和督查制度，实施最严格的考核评估，并将考核结果作为干部提拔使用的重要依据，对未能完成年度目标任务的实行"一票否决"；对不严不实、弄虚作假的严肃问责，对挪用、贪污扶贫款项的严肃处理，确保精准扶贫、

---

① 《习近平在深度贫困地区脱贫攻坚座谈会上强调　强化支撑体系加大政策倾斜　聚焦精准发力攻克坚中之坚》，《人民日报》2017年6月25日。

精准脱贫工作落实落细落小。

（二）坚持协调发展，形成贫困地区平衡发展新格局

改革开放造就了世界第二大经济体迅速崛起的中国传奇，我们在深切领悟"发展才是硬道理"之分量的同时，也不断感受到"成长的烦恼"，发展中不平衡、不协调、不可持续问题日渐突出，特别是区域发展不平衡，城乡发展不协调，产业结构不合理，经济和社会发展"一条腿长、一条腿短"等矛盾暴露出发展面临的瓶颈制约，发展理念与方式亟待转变。党的十八届五中全会强调："协调是持续健康发展的内在要求。必须牢牢把握中国特色社会主义事业总体布局，正确处理发展中的重大关系，重点促进城乡区域协调发展，促进经济社会协调发展，促进新型工业化、信息化、城镇化、农业现代化同步发展，在增强国家硬实力的同时注重提升国家软实力，不断增强发展整体性。"[1]这正是对我国发展中突出存在的不平衡问题的正面回应，是因发展实际倒逼而来，也是因时而动、应势而为，发挥主观能动性的主动选择，是我们党坚持问题导向、破解发展难题的应对之策和着眼未来、谋划全局的战略考量，具有重大理论意义和实践指导作用，是"十三五"乃至更长时期必须坚持和贯彻的重要发展理念之一。

全面建成小康社会，强调的不仅是"小康"，更重要的且更难做到的是"全面"。"全面"不是自然形成的，而是通过统筹兼顾、注重平衡"协调"而来的。协调之策在于从整体和全局上补齐短板，提升发展整体效能。实际上，越是短板，越具有后发优势；越在薄弱环节上多发力，着力解决突出问题和明显短板，越能起到"四两拨千斤"的良

---

[1]《中共中央关于制定国民经济和社会发展第十三个五年规划的建议》，《人民日报》2015年11月4日。

好效果。贫困是全面小康的最大短板,在全面建成小康社会的收官阶段,越是临近成功的最后一步,越需要树立并落实协调发展理念,瞄准薄弱环节和滞后领域,加大对落后地区和弱势群体的帮扶力度,力求通过补齐短板化解矛盾,在协调发展中拓宽发展空间,在加强薄弱领域中增强发展后劲,在攻坚克难中增强经济社会发展的平衡性、协调性和可持续性,努力推动形成各区域各领域欣欣向荣的整体性发展新格局,确保如期全面建成小康社会。

1.坚持协调发展理念,始终把保障和改善民生作为出发点和落脚点,注重扶贫开发的利益协调。习近平在2017年新年贺词中强调:部分群众在就业、子女教育、就医、住房等方面还面临一些困难,不断解决好这些问题是党和政府义不容辞的责任。把解决好贫困地区群众学有所教、病有所医、困有所济、老有所养等一系列民生问题贯穿于整个扶贫工作的全过程,不断增进贫困地区人民群众的福祉,实现扶贫开发"以人为本、改善民生"之目的。教育是民生之基,也是防止贫困的代际传递、使贫困群众稳定脱贫的根本之策。要优化教育投入结构,加大财政对贫困农村教育的投入,广泛动员社会力量,拓宽教育投入渠道。要促进教育资源均衡配置,根据贫困农村的实际,有效优化学前教育、义务教育、普通高中的学校布局,同时加快发展贫困地区职业教育,有针对性地开展职业技能培训,拓宽贫困农户就业门路,增强其自我发展能力。医疗卫生是民生之重。疾病总是与贫穷相生相伴,截至2016年初,我国贫困人口中因病致贫的占到近3000万,重大疾病已经成为横亘在贫困人口脱贫路上最大的"拦路虎"。[①] 要大力开展健康扶贫,进一步加强农村公共卫生服务体系建设,健全贫困地区县、乡、村三级医疗卫生服务网,完善贫困地区农村基层医疗卫

---

① 《近3000万因病致贫群众,如何脱贫》,《新华每日电讯》2016年3月13日。

生设施，加快对农村基层卫生技术人员的培训力度，进一步巩固新型农村合作医疗，多措并举，不断提高贫困人口的健康生活水平，逐步补齐贫困地区医疗卫生能力短板。社会保障是民生之托，是贫困群众稳定脱贫的重要手段。必须把扶贫开发与社会保障有效衔接，逐步提高贫困农村的新农合、新农保以及文化教育、医疗卫生服务等水平。在总体上加强贫困农村公共服务保障的同时，有针对性地加强对特困村、特困户的帮扶，从贫困农民最关心、最直接、最现实的利益问题着手，综合采取最低生活保障、五保供养、救灾、大病医疗救助以及失业、义务教育、住房等专项救助手段，保障贫困群众基本生存权利，帮助他们摆脱生存困境。

2. 坚持协调发展理念，凝心聚力，整合扶贫资源，形成强大的攻坚合力。2016年7月20日习近平在东西部扶贫协作座谈会上指出，西部地区特别是民族地区、边疆地区、革命老区、连片特困地区贫困程度深、扶贫成本高、脱贫难度大，是脱贫攻坚的短板。在脱贫攻坚的关键时期，必须树立全国一盘棋的意识，充分聚合全社会力量，统筹整合各方要素，树立"大扶贫"的工作理念。这既需要贫困地区自力更生、艰苦奋斗，也需要发达地区对口帮扶、积极支援，汇聚成中央地方上下联动、政府部门左右协调、政府社会内外结合，专项扶贫、行业扶贫、社会扶贫等多种举措有机结合、互为支撑的强大合力，形成横向联合、齐抓共管的"大扶贫格局"。在扶贫开发的实践中，东西部扶贫协作和对口支援，是推动区域协调发展、协同发展、共同发展的大战略，是加强区域合作、优化产业布局、拓展对内对外开放新空间的大布局，是实现先富帮后富、最终实现共同富裕目标的大举措。[①] 宁夏回族自治区

---

① 《习近平在东西部扶贫协作座谈会上强调 认清形势聚焦精准深化帮扶确保实效 切实做好新形势下东西部扶贫协作工作》，《人民日报》2016年7月22日。

银川市永宁县闽宁镇,镇名取"福建、宁夏合作"之义。从1996年起,福建省承担起对口帮扶宁夏回族自治区的重任,时任省委副书记的习近平担任福建省对口帮扶宁夏领导小组组长。20年来,闽宁双方建立联席推进、结对帮扶、产业带动、互学互助、社会参与的扶贫协作机制。双方坚持把扶贫开发作为重心,把产业协作扶贫作为关键,把生态环境改造作为基础,把激发内生动力作为根本,一年一度的对口扶贫协作联席会议从未间断,一批又一批援宁干部真心奉献,数以万计的闽商在宁创新创业,几万宁夏贫困群众在福建稳定就业,为推动宁夏经济社会发展发挥了重要作用。[1]两省区携手推进互学互助对口协作的"闽宁模式",战胜了"苦瘠甲于天下"的贫困,成为具有代表性、创新性和推广价值的东西扶贫协作的成功典范。

(三)坚持绿色发展,构筑贫困地区生态文明新家园

良好的生态环境,是最公平的公共产品,是最普惠的民生福祉,是可持续发展的基石。十八大以来,我党洞悉从工业文明到生态文明跃迁的发展大势和客观规律,以人与自然和谐共存为价值取向,以绿色低碳循环为主要原则,就推进生态文明建设做出系统的顶层设计与具体部署,并且将其上升到党和国家发展战略的高度。十八届五中全会更是将绿色发展作为"十三五"乃至更长时期我国经济社会发展的一个基本理念,强调"绿色是永续发展的必要条件和人民对美好生活追求的重要体现。必须坚持节约资源和保护环境的基本国策,坚持可持续发展,坚定走生产发展、生活富裕、生态良好的文明发展道路,加快建设资源节约型、环境友好型社会,形成人与自然和谐发展现代化

---

[1]《习近平在东西部扶贫协作座谈会上强调 认清形势聚焦精准深化帮扶确保实效 切实做好新形势下东西部扶贫协作工作》,《人民日报》2016年7月22日。

建设新格局,推进美丽中国建设,为全球生态安全作出新贡献"①,体现了我们党对我国经济社会发展阶段性特征的科学把握,推动了马克思主义生态文明理论在当代中国的创新发展,将为建设美丽中国插上腾飞的翅膀,实现中华民族永续发展。

蓝天白云、青山绿水是长远发展的最大本钱,绿色发展是我国经济持续健康发展的关键保障,也是全面建成小康社会的历史选择和实现中华民族伟大复兴中国梦的重要内容。从"盼温饱"到"盼环保",从"求生存"到"求生态",中国梦,不仅是富强中国梦,也是美丽中国梦。贫困问题和环境问题可谓全面建成小康社会、实现中国梦进程中的两大瓶颈,贫困地区只有保证了发展的可持续性,才能更好地维护群众的生存利益,进而帮助他们摘掉贫困帽子。2015年11月,中共中央政治局召开会议审议通过《关于打赢脱贫攻坚战的决定》,强调要"坚持扶贫开发与生态保护并重",这是绿色发展理念在扶贫开发领域的一种体现。在全面建设小康社会的攻坚阶段,贫困地区必须时时处处以生态为先,万分珍惜"生态"这个贫困地区最宝贵的资源和最核心的竞争力,以"保护生态环境就是保护生产力,改善生态环境就是发展生产力"的绿色理念为导向,坚持开发与保护并举,在保护生态中发展,在发展中保护生态,把生态资源优势转化为产业优势和发展优势,既确保生态涵养又实现产业升级,构筑贫困地区"既美又富"的生态文明新家园,使良好生态环境成为贫困群众生活质量的增长点,共享生态文明成果。

贫困地区发展缓慢的致贫原因各不相同,一些贫困地区由于"欠发展"而拥有了良好的自然生态环境和浓郁的地方人文特色,成为摆

---

① 《中共中央关于制定国民经济和社会发展第十三个五年规划的建议》,《人民日报》2015年11月4日。

脱贫困、寻求发展的宝贵资源。而有的贫困地区的"贫"则与该地区自然环境差密切相关,生态脆弱,人口和经济承载力差,是造成贫困落后的重要原因。因此必须跳出传统工业化思路,如果一味强调资源开发和发展工业经济,不惜以透支生态服务功能、危害人类健康和牺牲大众福祉为代价,最终只能陷入"人口贫困—资源开发—环境退化—加速开发—环境恶化—贫困加剧"的恶性循环,带来环境危机和生态恶化。从地理范围上看,我国贫困人口的70%集中在全国主体功能区规划中属于限制和禁止开发的14个"连片特困地区",比如六盘山区、秦巴山区、滇桂黔石漠化区、乌蒙山区等,地质地形条件复杂,自然灾害频发,生态环境脆弱,生存条件恶劣;燕山—太行山区、大兴安岭南麓山区等,则位于湖库源头、江河上游,属于重要的生态功能区,资源开发与环境保护矛盾突出。[①]同时它们又都属"老、少、边、穷"地区,经济底子差,面临保护生态与发展经济双重压力,是我国脱贫攻坚战的"硬骨头",兼顾经济发展与生态改善非常困难。培根说过,只有顺从自然,才能驾驭自然。贫困地区要坚守生态底线,以绿色发展理念指导脱贫攻坚战,大力发展生态产业,激发发展活力、产业潜力和资源支撑力,通过绿色发展后来居上实现经济起飞,使脱贫致富与生态建设并举共赢。

1. 立足于贫困地区资源禀赋,探索独具特色的生态扶贫方式,强化绿色资本的积累。资源禀赋决定发展路径,贫困地区的资源大多具有独特性、稀缺性、不可复制性的特点,是参与区域竞争的重要法宝。只有特色才具有生命力和竞争力,贫困地区应跳出传统的不仅浪费资源而且破坏环境的粗放扶贫思维,力戒毫无特色、人云亦云的"趋同

---

① 何芬、赵燕霞:《美、日促进集中连片特困地区减贫的经验借鉴》,《世界地理研究》2015年第4期,第20~29页。

经济",坚持绿色发展理念,充分发挥"绿水青山"的比较优势,走"错位发展、差异化发展"的反向竞争道路,因地制宜地探索生态扶贫方式,让贫困人口从生态保护和生态建设中得到更多实惠。对于生态基础薄弱、环境承受能力差的贫困地区,其脆弱的生态一旦遭到破坏则影响深远,恢复将十分困难,因此扶贫开发应严防未富先污的情况发生,杜绝任何污染产业进入。要禁止人为过度开发自然资源,强化绿色资本的积累,树立在扶贫开发中加强生态重建和修复也是资本积累的新理念,把资金、技术投到承担生态功能的贫困地区,把扶贫资金更多地投向生态建设,通过试点贫困地区生态综合补偿,健全公益林补偿标准动态调整机制,支持贫困地区实施新一轮退耕还林、湿地保护与恢复、水生态治理等重大生态工程,加大对滑坡、崩塌、泥石流等地质灾害的防治力度。同时以治理脏乱差、人畜分离、垃圾污水处理、改厕和村庄绿化美化为重点,开展环境整治,推广农业生产节水、节肥、节药绿色攻关,实施绿色扶贫开发。

2. 立足于贫困地区发展动力的转换,推行适应新常态的新型扶贫模式,培育绿色经济增长点。在致力于消除贫困的过程中,要转变传统的主要依靠投资驱动的经济增长模式,以绿色资源为基础,发展新兴产业,推动农民绿色增收。其一,实施绿色扶贫,促进生态保护与扶贫开发的良性互动,推行适应新常态的新型扶贫模式。要以市场需求为导向,突出特色,选准产业。依托绿色资源生产原汁原味的无污染"土特"农产品,选择有特色且具有竞争优势、有一定规模且前景看好的产品,优先培育品牌形成地理标志产品,倚仗品牌优势提升产品竞争力,如发展山区林下经济、有机农业,开展立体生态种养、乡村生态旅游业等,加快产业聚集,将资源优势转化为经济优势,形成"一乡一业,一村一品"或"多乡一业,多村一品",既满足市场对绿色产品的消费需求,提高贫困地区农产品的商品化率,又增强贫困农户发展的内生动力和可持续能力。贫困地区良好的环境不仅能产出有形的质优价高的农产品，发展加工业和旅游业，还可以在现代高科技条件下充分挖掘其自然生态和人文环境的附加价值，产出一种无形的高品质生活方式，从而延伸出碳汇产业、新型能源产业、环保产业、生态旅游产业、有机食品产业、养老产业等绿色产业发展，市场前景无限，是未来绿色经济新的增长点。以福建省为例，生态资源是其最宝贵的资源，生态优势是其最具竞争力的优势，全省23个省级扶贫开发工作重点县多数在山区，由于历史和客观自然条件原因，发展相对滞后。省级扶贫开发重点县之一的宁德市屏南县是全省平均海拔最高的县之一，生态环境堪称一流，境内森林覆盖率高达75.4%，拥有号称"世界奇观、天下一绝"的白水洋地质公园。但囿于交通和资金之约束，长期以来发展严重滞后，枉有一片好山好水却沉寂无名。近年来，屏南坚持绿色发展，锁定得天独厚的山水资源，提出建设"高山特色经济、生态旅游强县"的发展思路。2004年以来，在景区建设方面就投入5亿多元，打造成世界地质公园、国家5A级旅游景区白水洋·鸳鸯溪，基本实现了"国内一流、世界知名"旅游品牌创建目标，旅游收入从2004年的900万元增长到2015年的近19.42亿元，直接带动了群众就业增收和城镇建设发展。其二，充分发挥市场在资源配置中的决定性作用，为贫困地区生态产业发展提供动力和支撑。扩宽融资渠道，通过税费减免和建立绿色银行、产业发展基金等有针对性的创新融资方法，引导更多资源和社会资金投入生态产业；加快推进交通、水利、能源、信息等各类基础设施向贫困地区延伸、倾斜，打通其发展生态产业的交通屏障；按照"大众创业、万众创新"的发展理念，尝试"互联网＋生态＋扶贫"的发展思路，通过创建电商孵化基地和构建县、乡、村三级电商服务体系，减少贫困地区发展对自然资源的依赖，既有利于改善该地区生态环境，又有助于加快脱贫致富的步子，实现从"弱丑穷"的困难村到"强美富"的示范村的华丽转身。

  3. 立足于改善贫困群众的生产生活环境，实施避灾扶贫移民搬迁，坚持搬迁和发展"两手抓"。对于"一方水土养不起一方人"的生存条件恶劣、生态环境脆弱、自然灾害频发地区的贫困人口，应搬迁到条件比较好的地方定居并重建家园。自2001年起，国家安排中央投资组织实施易地扶贫搬迁，按照"先行试点、逐步扩大"的原则，实施范围由最初的内蒙古、贵州、云南、宁夏4省区扩大到目前的17个省份。"十三五"期间，全国建档立卡贫困人口中有易地扶贫搬迁需求的约1000万人，主要分布在深山区、石山区、高寒山区、荒漠化地区，其中，西北荒漠化地区、高寒山区约300万人，西南高寒山区、石山区约400万人，中部深山区约300万人。[①]这种以生态保护为约束的贫困治理，既减少对环境的人为破坏，又能有效改善贫困群众的生产生活条件。生态移民是贯彻落实绿色发展理念的具体措施，也是实施精准扶贫、精准脱贫的有力抓手和全面建成小康社会、跨越中等收入陷阱的关键举措。要坚持搬迁和发展"两手抓"，尊重农民群众意愿，因地制宜地在移民新村、小城镇、乡村旅游区等集中安置，或采取插花等方式分散安置，或通过进城务工、投亲靠友等方式自行安置。要把生态移民工作与新型城镇化和农业现代化紧密结合，支持搬迁群众发展特色种养产业，加强培训，提高搬迁群众就业能力，改善移民安置区基础设施和公共服务，妥善解决搬迁群众的居住、看病、上学等问题，统筹谋划安置区产业发展与群众就业创业，确保搬迁移民"搬得出、稳得住、有事做、能致富"，逐步融入当地社会，使其生活有改善、发展有前景。

[①] 林火灿：《"十三五"有近千万人需易地扶贫搬迁》，《经济日报》2015年11月17日。

（四）坚持开放发展，开创贫困地区合作拓展新局面

"改革开放只有进行时、没有完成时"，从设立经济特区到"一带一路"建设，中国开放的步伐未曾停顿。党的十八届五中全会提出的开放发展理念，强调"开放是国家繁荣发展的必由之路。必须顺应我国经济深度融入世界经济的趋势，奉行互利共赢的开放战略，坚持内外需协调、进出口平衡、引进来和走出去并重、引资和引技引智并举，发展更高层次的开放型经济，积极参与全球经济治理和公共产品供给，提高我国在全球经济治理中的制度性话语权，构建广泛的利益共同体"[①]，准确把握了当今国际和国内发展大势，直面我国对外开放中的突出矛盾和问题，体现了我们党对经济社会发展规律认识的深化。开放发展带动创新、推动改革、促进发展，是创新、协调、绿色、共享发展的重要支撑，是联通国内国际的纽带桥梁，是全面深化改革的动力源和试验场。开放发展理念基于我国改革开放成功经验的历史总结，要求既立足国内，充分发挥我国资源、市场、制度等优势，又更好地利用国际国内两个市场、两种资源，解决的是发展的内外联动问题，是拓展经济发展空间、提升开放型经济发展水平的必然要求，也是推进现代化、走向繁荣的必由之路。

开放出眼界，眼界决定境界，扶贫不能只盯着几亩山田，应该把眼光投向大山以外的广阔天地。早在20多年以前，习近平在闽东工作期间就对开放和扶贫的辩证统一关系进行过深刻阐述。在《正确处理闽东经济发展的六个关系》一文中他指出："开放和扶贫对闽东来说，出发点和归宿都是为了商品经济的发展，所以都应统一于商品经济规律

[①] 《中共中央关于制定国民经济和社会发展第十三个五年规划的建议》，《人民日报》2015年11月4日。

的运动之中。"认为扶贫和开放有一定差异,但在贫困地区发展道路上,两者又是辩证统一的。"开放和扶贫彼此融合",体现在贫困地区要以敢为人先的开放意识推动扶贫开发,"不要怕家底穷",在扶贫的道路上开放创新,既要"引进来"又要"走出去",与发达的区域接轨,大胆亮出家底,以一个"学生"的身份虚心学习发达地区的发展思路和发展模式;"开放和扶贫相互依存,互相促进,扶贫的成果将是开放的新起点,开放将使扶贫工作迈向新台阶"①,强调的是开放和扶贫彼此融合,相互依存,相互促进,要用扶贫的成果作为开放的第一资本,扶贫成果提升了,贫困地区的经济条件、基础设施等软环境的质量将得以提高,进而可以增加招商引资的吸引力;开放水平提高,贫困地区的社会资源将得到有效开发,群众的就业率将提高,进而增加社会经济总量,就有更多资金投入扶贫工作中,增强发展生机和活力,形成良性循环。在《巩固民族大团结的基础——关于促进少数民族共同繁荣富裕问题的思考》一文中,习近平以闽东畲族地区为例进一步论述了扶贫与开放的辩证关系。他认为,由于传统的原因和客观因素的制约,少数民族地区经济发展水平较低,科技力量薄弱,交通运输不便,人才短缺,但自然资源十分丰富;非少数民族地区经济发展水平较高,科技力量雄厚,交通运输便利,人才济济,但自然资源相对匮乏。这样一种反差,决定了闽东畲族地区的发展要走一条资源和市场同时开发的"双向开发"和对内、对外同步开放的"双向开放"道路:一方面积极参与本地区和沿海经济发达地区的市场竞争,加强外引内联,大力引进信息、资金、技术和人才,进行优势互补;另一方面,积极参与国际市场的竞争和交换,努力发展外向型经济,促进本地区经济的全面发展。②在习

---

① 习近平:《摆脱贫困》,福州:福建人民出版社 2014 年版,第 97 页。
② 习近平:《摆脱贫困》,福州:福建人民出版社 2014 年版,第 121、122 页。

近平担任中共宁德地委书记期间，宁德地区一方面大力开发"山海田"资源，开辟与之相关的加工工业和第三产业，推动农村商品经济的发展；另一方面开发市场，开拓商品流通渠道，根据市场需要努力发展种植业、养殖业和与之配套的加工业，为农村特别是畲族地区劳动力提供更大的用武之地。

古今中外的发展实践证明，开放带来进步，封闭导致落后。回顾发展历程，我们不难发现，正是以改革开放为导向的经济体制改革，用实际行动、用中国速度发出了开放发展的最强音，有力推进了中国农村和贫困地区的发展，成就了贫困人口减少7亿的经济奇迹，贫困程度大大减轻，为全面建成小康社会打下了坚实基础。而今，比较容易脱贫的人口都已基本脱贫，面对剩下的难啃"硬骨头"，贫困治理更需要坚定开放发展理念，坚持开放和扶贫彼此融合，凝聚开放的共识、增强开放的自信、厘清开放的思路，开创贫困地区合作拓展新局面。

1. 破穷障：坚持开放发展，集中所有力量和智慧打好扶贫攻坚战。与发达地区相比，贫困地区开放发展的规模和层次还处于较低阶段，开放型经济的总体水平不高。开放发展着重解决的是发展的内外联动问题，历史和现实都一再证明，开放是经济欠发达地区实现跨越发展的捷径。贫困地区在扶贫开发中必须破除"等、靠、要"的思想障碍，主动更新发展观念，将开放意识和合作意识根植于扶贫开发的全过程，增强接触外部事物的胆量、接收外部经验的度量和接纳外部人才的容量，强化开放发展，形成以开放促发展的共识。合作是开放发展的核心，要充分利用两个市场、两种资源，进一步拓展开放合作空间，坚持走出去学习借鉴好的经验做法，只要能为我所用，就要虚心学习，诚心合作；同时将发达地区的产业、资金、管理、技术、人才等请进来，加大与比邻地区及更远更广地区的合作，优势互补，借他方优势助自身发展，由此激发各种要素活力，增强贫困地区发展的内生动力，在开放合作中不断提升发展质量，集中所有力量和智慧打好这场脱贫攻坚战。

2. 拔穷根：坚持开放发展，引进先进发展模式和现代科技手段提升扶贫开发的成效。区位优势弱、基础条件差是制约贫困地区脱贫致富的主要因素。贫困农村应通过与企业的合作，建立健全"基地＋合作组织＋涉农企业＋贫困农户"等产业发展利益链接机制，实现企业、村集体、农户三方利益共赢。在扶贫开发中运用大数据，重视"互联网＋"扶贫方式。许多贫困地区的环境、资源独具特色，却养在深山人未识。互联网时代，扶贫开发要加大电商扶贫力度，搭建电商交易平台，推行"互联网＋"下的代销、自销等新模式，下大力气提高广大农户议价、定价和运用市场机制增收致富的能力与水平，解决农村绿色有机的特色农产品信息采集和物流配送问题，支持快递等新业态。通过"互联网＋"，可以把贫困地区的青山绿水、历史遗迹、人文风情推广到海内外，吸引更多人走进贫困地区，为老少边穷地区集聚起人气，带来活力；通过"互联网＋"，可以发布贫困村、贫困户的需求，对接网上经济较为发达地区热心公益之人，"互联网＋扶贫"不仅为贫困地区带来巨大的经济效益，而且带来显著的扶贫开发社会效益。地处黔东北武陵山区的铜仁是贵州省贫困人口最多、贫困程度最深的地区之一，是武陵山片区区域发展与扶贫攻坚示范区。该市抢抓大数据产业发展的新机遇，推动农业与互联网有效衔接，从 2014 年起开始发展农村电商，至 2015 年年底，全市电商企业 680 多家，网店总数 1620 多家，阿里巴巴村淘 500 多家，全市电子商务进出包裹 1000 多万个，交易额 1800 亿元，带动就业人数 3.6 万人，发展前景广阔，成为脱贫攻坚的利器。[①]

3. 铸合力：坚持开放发展，形成全社会脱贫攻坚的浓厚氛围。当前，扶贫开发到了攻克最后堡垒的阶段，所面对的多数是贫中之贫、困中

---

① 牛志男：《五大发展理念语境下民族地区如何发力》，《中国民族》2016 年，第 8~11 页。

之困，不能就扶贫抓扶贫，而应把其看作一个开放的系统，引导社会组织、企业、个人多元主体参与扶贫，构建起大扶贫大决战的格局。一是打造大扶贫格局。发挥各级党组织"总揽全局、协调各方"的领导核心作用，整合各种资源，上下总动员，列出时间表，立下军令状，下好任务书，打好攻坚战。发挥政府投入在扶贫开发中的主体作用，通过规划引领、项目带动、载体支撑，不断改善贫困地区基础设施，加快破除发展瓶颈制约。坚持多管齐下、广泛参与、协同推进，深化区域合作，推进贫困地区招才引智，实现互利共赢，形成政府、市场、社会互为支撑，专项扶贫、行业扶贫、社会扶贫"三位一体"的大扶贫格局。二是营造合力攻坚氛围。众人拾柴火焰高，要整合社会扶贫资源，健全社会力量参与机制，鼓励各类企业到贫困地区捐资捐助、投资兴业、开展培训、吸纳就业；支持民主党派、工商联、群众团体、大专院校、驻地部队以及个人以多种形式参与扶贫开发，引导社会爱心人士与贫困户开展"一对一"帮扶；整合扶贫智力资源，选拔一批专业技术人员到贫困地区创业发展，加大乡土人才培育，鼓励外出优秀人才回乡创业，最大限度释放人才红利，让社会扶贫人人皆愿为、人人皆可为。构建社会扶贫信息网络，鼓励有条件的企业设立扶贫公益基金和开展扶贫公益信托，增进企业辐射带动贫困户增收的能力，形成全社会关注扶贫、参与扶贫、支持扶贫的浓厚氛围。比如贵州作为全国11个连片特殊困难地区扶贫攻坚示范区之一，万达集团帮扶贵州省黔东南州丹寨县、恒大集团帮扶贵州省毕节市大方县，成为当地政府以开放的胸襟吸引企业投资造血拉动发展、精准扶贫的楷模，为贫困地区吸引民营企业参与共建提供了宝贵借鉴，实现社会帮扶资源和精准扶贫有效对接，最大限度释放扶贫济困的社会正能量，汇聚成战胜贫困的强大合力。

（五）坚持共享发展，顺应贫困地区人民生活新期待

对共同富裕、共享发展，我们党既有丰富的实践探索成果，也不乏丰硕的思想认识成果。党的十八届五中全会把"共享"作为"五大发展理念"之一，非常鲜明地体现了中国共产党发展观的指向性和目的性。"共享是中国特色社会主义的本质要求。必须坚持发展为了人民、发展依靠人民、发展成果由人民共享，作出更有效的制度安排，使全体人民在共建共享发展中有更多获得感，增强发展动力，增进人民团结，朝着共同富裕方向稳步前进。"① 共享发展理念不仅体现了我们党全心全意为人民服务的根本宗旨和推动经济社会发展的根本目的，也体现了社会主义的本质要求，是我们党立党为公、执政为民理念的崭新表述。共享发展要解决的是社会公平正义问题，要确保人民创造的财富不能由少数人去独享，更不能让少数既得利益者去独占，而必须由人民来共享，使全体人民在共建共享发展中有更多获得感、受益感。

作为新发展理念的出发点和落脚点，共享发展解决的是"为谁发展"的问题。坚持共享发展，以人民利益为导向，不断增进人民福祉，最终实现共同富裕，是全面建成小康社会的终极目标之所在。共享不只是理想，而有着实实在在的内容。"十三五"期间让贫困地区人口摆脱贫困，是现阶段实现共享发展的底线和最基本要求，可谓是建成全面小康的"最后一公里"。面对这一艰巨而紧迫的任务，决胜全面建成小康社会，必须坚持共享发展理念，以消除贫困为首要任务，以改善民生为基本目的，以实现共同富裕为根本方向，人人共建、人人共享，不丢掉一个民族、一个地区，不让一个人掉队，尤其要让贫困地区和

---

① 《中共中央关于制定国民经济和社会发展第十三个五年规划的建议》，《人民日报》2015年11月4日。

贫困人口甩掉贫困帽子，顺应贫困地区人民生活新期待。

如果把全面小康比作一幅壮美的画卷，那么民生就是其中最厚重的底色，共享则是最温暖的主题。改革开放以来，我国在经济显著增长的同时，社会发展也取得巨大进步。特别是党的十八大以来，在以民为本的执政理念指导下，大力推进保障和改善民生，通过实施惠民工程，发展成果更多更公平地惠及广大人民。成绩是举世瞩目的，问题也是现实存在的，目前仍存在的几千万农村贫困人口是共享发展最难啃的"硬骨头"，脱贫攻坚任务依然十分艰巨。为了打赢这场输不起的攻坚战，必须把共享发展贯穿于脱贫攻坚全过程，多谋民生之利，多解民生之忧，把共享发展理念转化为发展实践，通过更有效的制度安排，注重补齐短板，向贫困发起总攻，向小康全面推进，使贫困群众在共建共享发展中有更多获得感，确保全体人民共同迈入小康社会。

1. 坚持共享发展，真正把精准扶贫方略落到实处。如何打赢脱贫攻坚战，全面建成小康社会，事关几千万贫困人口的福祉。十里不同风，百里不同俗，贫困问题既有共性，也有差异性，致贫原因不尽相同，帮扶措施也有所不同，用共享的发展理念摆脱贫困，不能"眉毛胡子一把抓"，而要从实际出发，尊重群众意愿，"一把钥匙开一把锁"。当前扶贫脱贫已进入攻坚克难的关键阶段，"灌水式""输血式"的传统扶贫模式难以为继，必须把精准扶贫、精准脱贫贯穿于扶贫开发全过程和各方面。坚持精准识别，要找准找实贫困户，摸清家底，根据贫困户家庭人口以及所在地气候条件、环境因素、产业特点等实际情况，找到"贫根"，靶向治疗，扶到点上、根上，才能让贫困群众真正得到实惠。坚持精准扶贫，注重"六个精准"，即扶持对象精准、项目安排精准、资金使用精准、措施到户精准、因村派人精准、脱贫成效精准，确保各项政策好处真正落到扶贫对象身上。坚持精准脱贫，大力实施以"万户增收、万户脱贫、万人供养"为内容的"三万工程"，通过产业扶持、转移就业、易地搬迁、教育支持、医疗救助、社保兜底等措施，确保如期实现"所有农村贫困人口全部脱贫、所有贫困县全部摘帽"的"两个所有"。

2. 坚持共享发展，充分发挥比较优势，找准发展路子。扶贫开发的核心在于抓牢发展这个第一要务，在政策层面给予积极支持，加大产业扶贫力度，因地制宜地策划好项目载体，确保贫困地区有主导产业、贫困村贫困户有增收项目、贫困劳动力有就业岗位，促进脱贫攻坚与经济增长齐头并进。一是大力发展特色产业。对于具备一定发展条件的贫困村，立足当地资源禀赋、产业基础和市场需求，有针对性地做大做强特色产业，宜工则工、宜农则农、宜商则商、宜游则游。二是积极发展劳务经济。对劳动力就业不足的贫困户，加大劳动技能培训力度，切实增强培训的实效性，提高其就业能力。支持家政服务、物流配送、养老服务等具有市场前景的产业发展，拓宽劳动力外出就业空间，引导劳务输出脱贫。加大对贫困地区农民工返乡创业政策扶持力度，帮助零就业贫困家庭实现就业，稳定脱贫。三是探索资产收益脱贫。推行"政府＋龙头企业＋合作社＋贫困户"模式，带动贫困户增收。赋予土地被占用的村集体矿产资源开发股权，探索将财政资金和其他涉农资金投资形成的资产折股量化给贫困村和贫困户。

3. 坚持共享发展，为困难群众提供最基本的生活保障。推动共享发展，就是要在民生建设领域不断有所作为、有所突破，切实回应人民群众的生产生活需要，尤其是在扶贫开发中为贫困人口提供最基本的生活保障，使其平等享受改革发展的成果，让全面建成小康社会不留死角。一是斩断贫困代际传递根源。改善贫困地区农村义务教育学校办学条件，推动城乡之间教师的合理流动和对口支援。努力办好贫困地区特殊教育和远程教育，加大对贫困家庭大学生的救助力度。加强贫困地区科技文化知识的普及和培训，推进公共文化服务均等化。

二是提升医疗服务水平。推进贫困地区基层医疗机构建设和人才引进培养，加大医疗救助、临时救助、慈善救助等帮扶力度，将贫困人口全部纳入重特大疾病救助范围，扩大纳入基本医疗保险范围的残疾人医疗康复项目。三是推进兜底脱贫全覆盖。对无法通过产业扶持和就业帮助实现脱贫的家庭实现政策性保障兜底，做到动态管理，应保尽保。提高农村特困人员供养水平，实现扶贫线和低保线"两线合一"，加强儿童福利院、救助保护机构、特困人员供养机构、残疾人康复托养机构等服务设施和队伍建设。全面建成小康社会，民族地区的农牧区、山区的贫困问题更是急需补齐的短板。从2014年起，内蒙古启动实施3年投入1000亿元的"十个全覆盖"工程，主要包括危房改造、安全饮水、街巷硬化、电力村村通和农网改造、村村通广播电视和通信、校舍建设和安全改造、标准化卫生室建设、文化室建设、便民连锁超市、养老医疗低保。目前已完成投资886亿元，84.4%的行政嘎查村完成建设改造任务。[①] 工程的全面实施，迅速改变了农村牧区落后面貌，拉动了经济增长，促进了农牧民增收，各族群众有更多获得感，追求和期盼美好生活的劲头必然转化为争取更多发展成果、实现自身更大利益的行动，从而形成推动实现全面小康的不竭动力。

---

① 牛志男：《五大发展理念语境下民族地区如何发力》，《中国民族》2016年第4期，第8~11页。

第三章
精准扶贫：摆脱贫困奔小康的基本方略

随着脱贫攻坚的深入开展，全面建成小康社会的目标越发明确。习近平总书记指出农村贫困人口如期脱贫、贫困县全部摘帽、解决区域性整体贫困，是全面建成小康社会的底线任务。① 当前我国扶贫开发已经从解决温饱为主要任务的阶段转入巩固温饱成果、加快脱贫致富、改善生态环境、提高发展能力、缩短发展差距的新阶段。以习近平同志为核心的党中央牢牢把握我国发展的阶段性特征，牢牢把握人民群众对美好生活的向往，在脱贫致富的攻坚战中提出"精准扶贫"这一基本方略。坚持精准扶贫，精准脱贫，并将其作为当前中央实施脱贫攻坚的重要战略和脱贫工作的方向标，成为全面建成小康社会决胜阶段扶贫工作的重要机制，也是促使落后地区、困难群众摆脱贫困、全面实现小康社会、实现第二个百年奋斗目标的重要战略。

---

① 《习近平在中共中央政治局第三十九次集体学习时强调　更好推进精准扶贫精准脱贫　确保如期实现脱贫攻坚目标》，《人民日报》2017年2月23日。

一、精准扶贫的内涵和特点

（一）精准扶贫的内涵与提出

2013年，中共中央印发了《关于创新机制扎实推进农村扶贫开发工作的意见》，正式阐明精准扶贫的扶贫工作机制，文件指出："建立精准扶贫工作机制。国家制定统一的扶贫对象识别办法。各省（自治区、直辖市）在已有工作基础上，坚持扶贫开发和农村最低生活保障有效衔接，按照县为单位、规模控制、分级负责、精准识别、动态管理的原则，对每个贫困村、贫困户建档立卡，建设全国扶贫信息网络系统。专项扶贫措施要与贫困识别结果相衔接，深入分析致贫原因，逐村逐户制定帮扶措施，集中力量予以扶持，切实做到扶真贫、真扶贫，确保在规定时间内达到稳定脱贫目标。"其含义就是，要通过信息系统使扶贫政策和措施针对真正的贫困家庭和人口，且对贫困人口的帮扶应是有针对性的，从根本上消除导致贫困的各种因素和障碍，最终使贫困人口摆脱贫困。国务院还先后出台了《建立精准扶贫工作机制实施方案》《扶贫开发建档立卡工作方案》等精准扶贫实施方案。

十八大以来，党和政府为扶贫机制创新做了大量的实践探索和实地调研，精准扶贫工作机制便是在不断探索中被提出并完善的。十八届三中全会前夕，习近平在地处武陵山区中心地带的湘西土家族苗族自治州考察时指出：扶贫要实事求是，因地制宜。要精准扶贫，切忌喊口号，也不要定好高骛远的目标。首次提出精准扶贫这一概念。随后习近平先后到内蒙古、福建、云南、贵州考察时都结合当地扶贫开发的具体实际提及要精准扶贫。在2015年6月召开部分省区市党委主要负责同志座谈会时，习近平进一步细化了精准扶贫的内涵和实施步骤。

在 2015 年年底举行的减贫与发展高层论坛中，习近平做了主旨发言，阐述精准扶贫应重点实施的领域及具体做法。2015 年 11 月习近平在中央扶贫开发工作会议上系统阐述了精准扶贫的机制构建，明确了精准扶贫的目的意义和"扶持谁""谁来扶""怎么扶"一系列具体做法，将精准扶贫作为新时期扶贫工作的重要方略。精准扶贫是以习近平同志为核心的党中央积极探索的产物，是深入基层群众进行调研的体现民生民情的扶贫方略。2017 年习近平在中共中央政治局第三十九次集体学习时强调，要更好推进精准扶贫精准脱贫，确保如期实现脱贫攻坚目标。进一步提出了精准扶贫、精准脱贫的一系列要求，包括要加大扶贫劳务协作以解决就近就业问题，要落实教育扶贫和健康扶贫政策，加强交通扶贫、水利扶贫、金融扶贫、教育扶贫、健康扶贫等扶贫行动，对扶贫小额信贷、扶贫再贷款等政策要求要突出精准。

（二）精准扶贫蕴含着丰富的辩证思维

总结精准扶贫的特点，可归纳为内涵丰富的辩证思维，即将唯物辩证法的思维方式植入精准扶贫机制的探索中。辩证思维是在客观与主观、实践与认识的矛盾运动中产生的，精准扶贫机制恰恰符合这样的思维规律。习近平多次强调要学习辩证唯物主义的基本原理和方法论，强调在扶贫工作中要善于运用辩证思维谋划经济社会发展，精准扶贫工作机制就蕴含着丰富的辩证思维。精准扶贫体现的辩证思维，主要为"精"与"准"的辩证统一、统一性与灵活性的辩证统一、传承性与创新性的辩证统一、以人为本与科学发展的辩证统一。

1."精"与"准"的辩证统一。精准扶贫的工作机制贵在"精准"二字。"精"，体现在统筹部署、精密安排，将其作为实现共同富裕、全面建设小康社会的重要战略，没有好高骛远的目标，而是对扶贫的顶层设计、总体布局和工作机制进行详尽规划，从政策和制度的层面上明确扶贫的推进步骤,避免形象工程,做到看真贫、扶真贫、真扶贫。"准",体现在目标的准确,涉及扶贫瞄准机制。1986年开始实施开发式扶贫战略以来,中国的扶贫瞄准机制一直在调整。1986年,国家以贫困县为扶贫瞄准目标载体。2001年,国家提出"扶贫要到村到户"。精准扶贫通过建档立卡更是将扶贫切实落实到每一个贫困户。精准扶贫从"精"和"准"两个方面切入,点面结合,确保扶贫工作的准确落实。

2. 统一性与灵活性的辩证统一。精准扶贫工作要求中央国家部委、省市机关事业单位、中央和国家企业等都积极参与,充分体现了党和政府对"十三五"时期精准扶贫工作的重视。习近平强调:"中央要做好政策制定、项目规划、资金筹备、考核评价、总体运筹等工作,省级要做好目标确定、项目下达、资金投放、组织动员、检查指导等工作,市县要做好进度安排、项目落地、资金使用、人力调配、推进实施等工作。"[1]中央的政策统一性确保了在全国范围内实施扶贫的强度。习近平还强调基层组织在扶贫工作中的作用,强调要建设好农村党支部,增强农村党组织的凝聚力,加强脱贫第一线的核心力量。[2]随着精准扶贫进一步深入开展,习近平强调干部群众是脱贫攻坚的重要力量,贫困群众既是脱贫攻坚的对象更是脱贫致富的主体。[3]精准扶贫进一步创新了社会参与机制,通过政策、资金扶持,广泛动员社会各方面力量参与,鼓励引导各类企业、社会组织和个人以多种形式参与,鼓励各级、各地因地制宜灵活开展精准扶贫工作。

3. 传承性与创新性的辩证统一。中国的扶贫工作始终是重点工作,

---

[1] 《习近平在部分省区市党委主要负责同志座谈会上强调 谋划好"十三五"时期扶贫开发工作 确保农村贫困人口到2020年如期脱贫》,《人民日报》2015年6月20日。

[2] 习近平:《摆脱贫困》,福州:福建人民出版社2014年版,第160页。

[3] 《习近平在中共中央政治局第三十九次集体学习时强调 更好推进精准扶贫精准脱贫 确保如期实现脱贫攻坚目标》,《人民日报》2017年2月23日。

政策机制在实践中不断更新,精准扶贫工作机制充分体现了对以往扶贫政策的传承,并且在此基础上针对扶贫开发现状不断创新工作机制。2011年颁布《中国农村扶贫开发纲要(2011—2020)》,标志着中国扶贫开发进入新的历史时期。十八届三中全会首次提出"创新社会治理"的要求,精准扶贫机制便是"创新社会治理"的具体体现,是新的历史阶段推动贫困治理有效性的创新性举措。其创新并非脱离历史的创新,而是延续1986年以来实施的开发式扶贫战略,探索更为符合当前实际且更为精准的扶贫机制,如对扶贫和相关涉农资金的管理,就是基于《国家八七扶贫攻坚计划》之上,对其进行信息化、动态化、一体化的提升,把"大水漫灌"变成"精准滴灌",确保财政扶贫资金使用更加精准更加有效。

4. 以人为本与科学发展的辩证统一。精准扶贫的科学性,体现在因其"精准"的目标,决定其政策遵循因地制宜,突出特色,培育竞争优势。习近平强调精准扶贫要"从实际出发,因地制宜,把种什么、养什么、从哪里增收想明白,帮助乡亲们寻找脱贫致富的好路子"①,要"做好特色文章,实现差异竞争、错位发展"。习近平还强调:"要坚持因人因地施策,因贫困原因施策,因贫困类型施策,区别不同情况,做到对症下药。"②在科学地进行扶贫的过程中,也无时无刻不体现着以人为本的思想。习近平强调要更多面向特定人口、具体人口,实现精准脱贫,防止平均数掩盖大多数。精准扶贫关注真正贫困的群众安危,也关注容易被忽视的农牧区、边境地区、少数民族地区以及曾经为国家做出重要贡献的革命老区的人民。习近平指出,扶贫资源要用在刀刃上,针对农牧区、边境地区和少数民族地区等重点区域,"实行特殊

---

① 《习近平论扶贫工作》,《红旗文摘》2016年第2期,第1~3页。
② 《习近平在部分省区市党委主要负责同志座谈会上强调 谋划好"十三五"时期扶贫开发工作 确保农村贫困人口到2020年如期脱贫》,《人民日报》2015年6月20日。

政策，打破常规，特事特办"。① 精准扶贫是差别化的扶贫，精准扶贫的政策是"精准识别到户到人""分类动态管理到户到人""结对帮扶到户到人""产业扶持到户到人"，真真切切体现以人为本。

二、精准扶贫是扶贫攻坚的成败之举

习近平指出，扶贫开发贵在精准，重在精准，成败之举在于精准。这一观点是对精准扶贫的必要性和重要性的高度概括。当前我国的扶贫工作已经进入了一个新阶段。要想实现全面小康，首先必须有效识别扶贫对象，防止平均数掩盖大多数，实施精准滴灌式扶贫。其次，精准扶贫是实现高效扶贫的前提和基础，有助于实现扶贫资源的高效利用。

（一）精准扶贫是推进当前扶贫工作的重要政策

精准扶贫作为一种科学的扶贫政策，是决定扶贫攻坚成败的重要策略。从现实层面来看，它顺应了时代发展要求；从实践方面来看，它在对国内外扶贫工作经验的总结、反思和借鉴中产生。因此必须充分认识精准扶贫的必要性，从而提升工作实效。

1. 精准扶贫是对时代发展要求的现实回应

精准扶贫是对我国经济新常态的积极适应。现阶段我国经济进入新常态，对扶贫工作产生了一系列影响，精准扶贫的提出适应了这一变化，并逐步发展为国家政策。经济新常态是指发展方式与经济体系的一种系统性转变，主要包括增长形态、动力机制、发展主体等，是整个社会经济发展形态的实质性变革。经济新常态下，各项工作都需

---

① 《习近平在第二次中央新疆座谈会上强调　坚持依法治疆团结稳疆长期建疆　团结各族人民建设社会主义新疆》，《人民日报》2014年5月30日。

要与之相适应并相互推进。因此，我国的扶贫工作根据时代发展的变化，进入了强调精准化的阶段，无论是扶贫理念、扶贫行为，还是扶贫结果，都充分适应经济新常态下的新变化、新态势。

经济新常态对扶贫开发工作的影响十分深远。其一，在这一新常态下，我国总体发展战略提升，"四个全面"战略布局提出，对我国经济社会发展的方方面面提出了新的要求。扶贫工作与国家经济发展紧密相关，只有通过精准扶贫来提升扶贫工作的效果，才能更好地推进扶贫工作进入新常态，适应新常态。其二，当前我国经济发展的总体速度趋缓，而随着产业结构的调整以及发展动力的不断创新，市场竞争会变得日益激烈，同时也会变得更加规范。政府和市场的关系在良性发展的轨道上前进，政府的职责明确，市场起决定作用，二者都日渐发挥精准的作用。精准扶贫正是适应了这种变化。

2. 精准扶贫是对共享发展理念的实践遵循

"共享"是"十三五"规划中提出的重要理念，主要针对发展的目标对象，解决的是"为了谁而发展"的问题。只有通过扶贫进而实现脱贫，才能真正实现共享发展，因此扶贫工作的成效关乎发展的目标和成效，精准扶贫正是对这一理念的遵循和有力实践。

精准扶贫，精准脱贫，实现共享，体现了中国特色社会主义的本质。习近平指出：如果贫困地区长期贫困，面貌长期得不到改变，群众生活长期得不到明显提高，那就没有体现我国社会主义制度的优越性，那也不是社会主义。扶贫工作关系着能否切实增进人民福祉。改革开放以来我国的扶贫开发工作取得了良好的成效，形成了中国经验和中国特色的扶贫模式。只有继续坚定不移地推进中国特色扶贫开发事业，才能不断增强贫困群众的获得感和幸福感，展示和证明党的领导和中国特色社会主义制度的优越性。

3. 精准扶贫是在国内扶贫开发工作实践中形成的

我国大规模的扶贫工作主要开始于改革开放后，国家在探究扶贫模式和确定扶贫对象方面进行了多种尝试，经历了多次转变。30余年的扶贫历程先后经历了大幅度减贫、大规模开发式扶贫、扶贫攻坚、新世纪综合扶贫开发等四个阶段的发展变化。[①] 为了更好地指导扶贫实践，相继颁布了《关于帮助贫困地区尽快改变面貌的通知》《关于尽快解决农村贫困人口温饱问题的决定》《关于进一步加强扶贫开发工作的通知》《国家八七扶贫攻坚计划》《中国农村扶贫开发纲要（2001—2010年）》《中国农村扶贫开发纲要（2011—2020年）》《关于创新机制扎实推进农村扶贫开发工作的意见》等七个文件，对扶贫开发工作的基本方针、目标意义和内容途径等进行了明确规定。

在实践中，我国的扶贫注重针对性和有效性。在确定扶贫对象方面，80年代主要针对县级贫困区域，2001年将重点转向了全国15万个村级贫困区域，2011年国家则划定了14个集中连片特困地区进行重点扶贫。这种以区域为对象所推进的扶贫工作，能够在短期内集中政策和资金资源，有助于改善发展的基础条件，有助于让有能力的贫困人口尽快脱贫。但是需要注意的是，我国农村至今仍有几千万人口需要脱贫，社会资源配置需要新的思考新的论断。习近平所提出的精准扶贫，则是创造性地将扶贫对象由原来的大规模大幅度的行政区域转向了更加精准的贫困家庭和贫困人口。在探索扶贫开发的实践中，我国创造性地形成了诸如"救济式扶贫""开发式扶贫""参与式扶贫"等多种扶贫方式，扶贫目标也由"保生存"逐步转变为"保生态、促发展、惠民生"。从这些转变中能够得到一个重要的经验启示，即我国的扶贫

---

① 杨占国、于跃洋：《当代中国农村扶贫30年（1979—2009）述评》，《北京社会科学》2009年第5期，第80~87页。

工作已经逐步精细化，建立了自己的瞄准机制，从而能够提高扶贫的针对性和实效性。

（二）精准扶贫是化解扶贫工作困境的有力举措

当前我国的精准扶贫进入深化细化推进期，习近平在贵州召开的部分省区市党委主要负责同志座谈会上提出的扶贫工作"六个精准"，是对前期"四个精准"的深化和拓展，更是对精准扶贫内涵的丰富。我国的精准扶贫已经取得了一定成绩，但仍存在很多难点和挑战。

1. 现阶段精准扶贫工作的突出成绩

其一是涌现了一批各具特色的精准扶贫、精准脱贫的创新模式。在精准扶贫、精准脱贫新战略下，各省市县乡镇根据自身条件和优势，创新和探索了很多不同特色的精准扶贫、精准脱贫模式。例如，在广东"双到"模式、陕西"三五"模式、江苏"分类精准扶贫"等基础上，2015年全国又出现了诸如贵州的"四看"精准识别法，甘肃省的"六精准"和"1+17"扶贫模式及贫困县村户脱贫"191712标准"等新举措、新方式。

其二是在全国范围内基本建立起精准扶贫、精准脱贫的制度体系，增强扶贫工作的针对性，提升扶贫工作的科学性。自《关于创新机制扎实推进农村扶贫开发工作的意见》发布以来，全国各省市自治区均根据自身实际制定了落实该项政策文件的省级、县级文件，精准扶贫各项制度体系初步形成，为精准扶贫的机制建立奠定了良好的制度基础，有利于各地因地制宜开展具有地方特色的扶贫工作，增强扶贫能力。

其三是精准识别工作顺利完成，在提升扶贫对象精准度的同时提高了帮扶资金和帮扶项目的精准度。从2014年开始实施建档立卡制度至今，全国所有贫困县、片区县和省级贫困县的贫困村和贫困户都已经精准识别。贫困户、贫困村、贫困乡镇的各项综合信息档案已经建立起来，从而保证了扶贫对象的精准，为资金精准、项目精准、驻村帮扶精准的全面有效实施奠定了较为扎实的基础。扶贫项目和扶贫资金完全瞄准贫困户和贫困村，产业扶贫项目，资金贷款对象，社保、医疗卫生计划等民生项目以及交通、水利、电等基础设施项目与资金，也同样聚集到了贫困村和贫困户，提升了扶贫脱贫效率。

其四是驻村帮扶工作队伍基本到位，构建扶贫脱贫治理新型结构，"大扶贫"格局已经形成。目前向12.8万个贫困村选派的驻村帮扶工作队伍中的40多万名干部基本到位，贫困村第一书记选派也在加快到位，平均每村选派3至5名干部，每个贫困户都有对应的帮扶干部，从而形成了新时期我国在贫困村由两委干部、驻村帮扶工作队员、驻村包村干部、第一书记等组成的新型干部体系，构建了扶贫脱贫新型治理结构即乡村治理结构，做到每个贫困户都有属于自己各自的帮扶干部对接，贫困户生产、生活及产业发展都有干部指导和帮扶，形成"大扶贫"格局。

2. 现阶段精准扶贫工作的主要挑战

其一，精准扶贫工作的制度保障仍需进一步完善。虽然我国已经初步形成了精准扶贫、精准脱贫的制度体系，但是关于扶贫工作制度建设的探索始终在路上。许多扶贫政策没有制度保障，因而在实施过程中会发生许多遭受排斥的现象。要想将精准扶贫落到实处，必须建构完善的扶贫治理机构，同时用法律来约束政府部门，确保扶贫资金投入收益最大化。

其二，精准扶贫资金的投入和管理仍需进一步提升和规范。一方面，扶贫是个大工程，资金是决定精准扶贫工作能否有效开展的关键。虽然中央财政专项扶贫资金已经为精准扶贫工作的顺利开展提供了大量资源，但不容忽视的是，部分地区按照工作要求建档立卡三年内就必须要实现脱贫，可享受到的资金支持却微乎其微。另一方面，在资金的管理方面还存在着部门分工重叠、职能交叉的问题，资金投放分散。如何更好地使扶贫资金发挥作用，能够充分满足贫困户的需求，是一个不容忽视的课题。

其三，政府部门的职责分工仍需进一步明确。当前我国扶贫治理机构还有待进一步完善，而作为精准扶贫的主导部门，政府肩负着领头羊的重任。精准扶贫工作是一个社会系统工程，它集农业、交通、公共服务、社会保障为一体，在政府主导的基础上由扶贫部门实施、非政府组织部门参与。由此可见，在扶贫系统工程的部门设置上，如果能够建立专门的领导班子来负责常设的议事协调机构，建立各自的深入县、乡、村、组、户的扶贫联系点，将会更有利于工作的开展。但是在当前实践中，许多部门不清楚自己的扶贫责任，单方面揽工作抓扶贫，却没有责任主体。另外，应处理好政府与市场的关系，在充分发挥市场决定作用的同时应更好地发挥政府作用，使得政府的财政资源配置与市场配置社会扶贫资源的机制得以衔接，更加充分发挥政府与市场各自作用与优势。

其四，就特殊贫困群体而言，发展不平衡使得贫困群体的边缘感和社会剥夺感增强。直到今天，在我国许多"老、少、边、穷"等特殊困难地区以及外力侵扰下的工程移民、生态保护区人口等特殊贫困人群在发展中处于边缘状态。他们在成为扶贫工作重点瞄准对象的同时，受发展不平衡的影响，个人的社会剥夺感增强。之所以存在这一问题，主要是因为区域之间、城乡之间、农村内部不同发展层次家庭之间的收入差距明显，部分区域发展的高增长与少数村镇的繁荣掩盖了贫困地区的低增长与经济社会发展落后现象，导致发展不平衡，社会资源分布不均，在一定程度上影响扶贫的效能。

总体来看，我国的扶贫工作已经进入了一个新的阶段。这个阶段，具有两个方面的重要特点：一是尽管扶贫工作面临挑战，任务繁重，可各方面的因素都发生了变化，如经济新常态以及共享发展理念的提出，这些变化是提高精准扶贫工作成效的一种新机遇；二是国家对于精准扶贫工作如此重视，因此精准扶贫能够攻克挑战和难点，促进扶贫事业的发展。

(三)精准扶贫具有深远的历史意义

精准扶贫作为扶贫理念和扶贫政策对创新我国的扶贫方式具有重要作用,能够推动我国的扶贫工作进一步发展。

1. 精准扶贫关系到能否改善民生,如期全面建成小康社会

习近平指出:"全面建成小康社会,最艰巨最繁重的任务在贫困地区。全党全社会要继续共同努力,形成扶贫开发工作强大合力。""我们实现第一个百年奋斗目标、全面建成小康社会,没有老区的全面小康,特别是没有老区贫困人口脱贫致富,那是不完整的。""'十三五'时期是我们确定的全面建成小康社会的时间节点,全面建成小康社会最艰巨最繁重的任务在农村,特别是在贫困地区。各级党委和政府要把握时间节点,努力补齐短板,科学谋划好'十三五'时期扶贫开发工作,确保贫困人口到 2020 年如期脱贫。"① 得益于改革开放,数亿中国人甩掉了贫困帽子,但因为我国人口基数大、地域辽阔,扶贫任务仍然非常艰巨。经过多年的扶贫减贫工作,我国当前扶贫工作中所遇到的都是"发展起来的问题",都是难啃的"硬骨头"。加快贫困地区、贫困人口脱贫致富奔小康,不仅是政治问题、经济问题,也是重大的社会问题、民生问题,事关战略全局。精准扶贫,是削减贫困,实现城乡一体化、共同富裕的内在要求,也是全面小康和现代化建设的一场攻坚战役。

十八大以来,党中央在保障和改善民生问题上更加注重兜底,更加注重扶贫,并作为一项重大战略来谋划来布局。习近平连续三年开春首站视察都聚焦的是如何扶贫、如何脱贫,发表了一系列重要讲话。

---

① 《习近平在部分省区市委主要负责同志座谈会上强调 谋划好"十三五"时期扶贫开发工作 确保农村人口到 2020 年如期脱贫》,《人民日报》2015 年 6 月 20 日。

各级也都把精准扶贫作为农村工作的一个重要抓手,全力推进。这是我们当前改善民生的重头戏,也是一项重大政治任务。当前距离 2020 年全面建成小康社会只剩下 3 年时间,从各地具体情况来看,最大的差距也在扶贫上,处在贫困线上的人口基数大,这部分群众如果不能按期脱贫,就不能同步迈进小康社会。因此,我们必须把精准扶贫工作作为第十三个五年计划的重中之重来抓,保障全面建成小康社会的顺利实现。

2. 精准扶贫关系到能否实现共同富裕,是对中国共产党执政能力的考验

习近平强调,消除贫困、改善民生、逐步实现共同富裕,是社会主义的本质要求,是我们党的重要使命。[①] 我国现有农村贫困人口大多数分布在集中连片特困地区,自然条件差,基础设施薄弱。贫困家庭致贫原因多样复杂,因病致贫、因学致贫突出,缺劳力、缺资金、缺技术普遍,贫困家庭贫困人口发展能力发展条件严重不足,因灾返贫、因市场风险返贫、因发展能力不足返贫常见,贫困家庭贫困人口脱贫致富信心缺乏,内生发展动力缺失。

老百姓是共产党生命的源泉,没有贫困地区的脱贫就没有中国的全面小康,更谈不上共同富裕。共同富裕不仅涉及"分蛋糕",也关系"做蛋糕",是社会主义发展过程中两者的有机统一。全面建成小康社会就是"做大蛋糕",而最艰巨、最繁重的任务就在农村。实现共同富裕,除了让有能力有条件发展经济的所有人能够脱贫致富,也不能让没有能力条件或者暂时没有能力条件发展的人被忽略,这就需要对每个困难人口进行扶贫,这是精准扶贫精准脱贫的核心所在。通过深

---

① 《习近平在中央扶贫开发工作会议上强调 脱贫攻坚战冲锋号已经吹响 全党全国咬定目标苦干实干》,《人民日报》2015 年 11 月 29 日。

入推进精准扶贫各项措施,把扶贫模式从"大水漫灌"向"定向喷灌、定点滴灌"转型,体现更加结合实际、贴近群众、务实为民的施政方针,接受时代和人民对自己的考验。精准扶贫推动着各级领导干部主动作为,勇于担当,兑现"坚定不移地走共同富裕道路"的庄严承诺,是全心全意为人民服务宗旨的时代阐述,是党在新时期执政兴国的有益实践,是实现中国梦的必由之路。

三、精准扶贫的基本要求和主要途径

2017年的全国两会上,习近平在参加四川代表团审议时强调,"脱贫攻坚越往后,难度越大,越要压实责任、精准施策、过细工作。要继续选派好驻村干部,整合涉农资金,改进脱贫攻坚动员和帮扶方式,扶持谁、谁来扶、怎么扶、如何退,全过程都要精准,有的需要下一番'绣花'功夫"。[①] 十八大以来,党和国家陆续出台了一系列"超常规"举措和政策"组合拳":"六个精准",即扶持对象精准、项目安排精准、资金使用精准、措施到户精准、因村派人精准、脱贫成效精准,确保各项政策好处落到扶贫对象身上;"四个施策",即坚持分类施策,因人因地施策,因贫困原因施策,因贫困类型施策;"五种渠道",即通过扶持生产和就业发展一批,通过易地搬迁安置一批,通过生态保护脱贫一批,通过教育扶贫脱贫一批,通过低保政策兜底一批;"十项工程",即干部驻村帮扶、职业教育培训、扶贫小额信贷、易地扶贫搬迁、电商扶贫、旅游扶贫、光伏扶贫、构树扶贫、致富带头人创业培训、龙头企业带动。

---

① 《习近平:脱贫攻坚全过程都要精准》,《新华每日电讯》2017年3月9日。

（一）精准扶贫要做到"六个精准"的基本要求

精准扶贫机制的创新点在于"精准"二字。在2015减贫与发展高层论坛上，习近平将"精准"进一步细分为"六个精准"，并在中央扶贫开发工作会议上做了详细阐述。只有做到"六个精准"，才能推进扶贫开发工作。

一是扶持对象精准。将贫困户和贫困村有效识别出来，并建档立卡。目前，贫困对象的界定仍依据城市、农村的最低生活保障标准。如何有效识别贫困对象是精准扶贫的基础性工作，决定了精准扶贫能否实现。确定贫困户要精准，不可用全国统一标准，而要根据当地经济发展水平和家庭具体情况等进行实事求是的衡量，识别标准也不可仅以收入为衡量标准，可依据国家统计局对扶贫人口数量进行估计的标准，包括收入、消费、资产、健康、教育等指标。为扶贫对象建档立卡是精准识别可持续性的保证，可以有效监控贫困户脱贫情况。例如，广西壮族自治区探索按贫困程度为贫困户"打分"制度，组织25万人，对427万户村民的家庭信息进行入户调查。为确保调查的准确性，广西开始探索构建贫困户大数据库，将交警、民政、房管等多部门的数据进行集中，建立大数据平台，并与进村入户精准识别的数据进行比对，以确保各项帮扶政策能百分之百精准到户到人。[①]

二是项目安排精准。项目安排要坚持"基础先行、规划到村、项目到户、责任到人"，深入基层了解村情民意，因地制宜确定项目，坚持"项目跟着规划走，资金跟着项目走，监督跟着资金走"的原则，严格实施项目，建好台账，实现全程监管。扶贫项目是精准扶贫的重要抓手，

[①] 《广西：大数据精准"制导"扶贫资金》，《新华每日电讯》2016年5月4日。

这解决了"授之以渔"的问题，使扶贫工作更具科学性。项目安排精准度包括两个方面：一方面，实施项目要有的放矢，要挖掘贫困原因和地方优势，发展适合的扶贫项目；另一方面，实施项目要可持续发展，符合社会发展的大势，使其能够解决更多贫困户的就业等问题。例如，甘肃合水县根据贫困村实际困难和需要，详细列出"需求清单"，制定了《关于推动双联行动与扶贫攻坚深度融合的实施意见》《关于贯彻落实陕甘宁革命老区脱贫致富座谈会精神全力打好扶贫攻坚战的实施方案》《2015年扶贫攻坚重点目标任务计划分解表》，将责任落实到行业部门，将项目落实到具体村户，做到目标明确、任务明确、措施明确，为精准扶贫提供了准确的时间表、任务书、作战图。①

三是资金使用精准。资金要用准，要用在真正需要且可持续利用的项目或者贫困户身上；资金要用精，要依据不同程度的贫困情况、不同发展前景的项目，合理确定资金的需求量，科学投放。这就解决了一直以来资金滥用和平均使用的问题。把扶贫资金安排与脱贫成效挂钩，加大资金整合力度，提高资金使用效益，强化资金监督管理，确保一分一厘都用在扶贫开发上。

四是措施到户精准。坚持调查研究，坚持实事求是，坚持从小处着手，抓住困难群众最急需、最直接、最迫切需要解决的热点、难点问题，帮助困难群众摆脱贫困。精准扶贫强调措施到户，因为只有措施真正落实到贫困户身上，才能从根源上解决贫困的问题。农户致贫原因多样化，扶贫政策也应多样化、有针对性，政府部门之间还应加强政策衔接和协调。

五是因村派人（第一书记）精准。认真总结驻村工作的好经验好

---

① 张文智、高兴荣、李兆奎：《精准发力切断"穷根"——来自革命老区合水县扶贫攻坚一线的调查》，《甘肃经济日报》2015年7月1日。

做法，进一步发挥好驻村干部的作用，确保驻村干部沉下去、待得住、干得好。驻村干部对扶贫工作的开展关系到扶贫政策能否落地。这就要求做到"两个了解"，一要了解青年干部的学习经历与特长，二要了解当地落后的缘由，从而找到二者的契合之处，有针对性地选派村支书，带领贫困村脱贫致富。

六是脱贫成效精准。无论是贫困户脱贫还是贫困县摘帽，都要和脱贫攻坚总要求、总任务对表，和全面建成小康社会进程对表，每年退出多少要精准到县、到村、到户、到人，成熟一个摘帽一个，脱贫一户销号一户。精准扶贫与精准脱贫往往被同时提出，精准扶贫的目标就是完成精确的脱贫。脱贫的成效不能笼统阐述，而应根据不同地方实际、不同对象分类，确定精确的标准。贫困村、贫困县达到脱贫的标准不能以平均数来统筹，而是所有人口都必须达到脱贫线，实现覆盖全部人口的小康。对于贫困户，要对脱贫成效进行精准定位，在进行扶贫时就应该判断致贫原因，有针对性地扶贫，实现脱贫目标。

（二）精准扶贫必须坚持"四个施策"的行动方略

2015年1月，习近平在云南昭通市考察连片特困地区时指出："要以更加明确的目标、更加有力的举措、更加有效的行动，深入实施精准扶贫、精准脱贫，项目安排和资金使用都要提高精准度，扶到点上、根上，让贫困群众真正得到实惠。"[1]这一思想明确了实施精准扶贫方略的宗旨和目标。为此，我们必须"坚持分类施策，因人因地施策，因贫困原因施策，因贫困类型施策"，通过这四个施策，确保实现精

---

[1]《习近平在云南考察工作时强调　坚决打好扶贫开发攻坚战　加快民族地区经济社会发展》，《人民日报》2015年1月22日。

准扶贫。

1. 分类施策

我国贫困人口的致贫原因和贫困类型不尽相同，不能眉毛胡子一把抓，必须根据实际情况瞄准"贫根"、对症下药。因此要坚持"分类施策"的原则，有针对性地扶持贫困家庭和贫困人口：对有劳动能力的支持发展特色产业和转移就业，大力发展三大产业整合战略，推进高效山地农业、乡村旅游业等融合产业扶贫，既能合理利用资源，也可以有效带动地区就业。对"一方水土养不起一方人"的实施扶贫搬迁，为贫困村和贫困户打造专属扶贫计划；对生态特别重要和脆弱的实行生态保护扶贫，确保可持续发展；对丧失劳动能力的实施兜底性保障政策；对因病致贫的提供医疗救助保障；实行低保政策和扶贫政策衔接，对贫困人口应保尽保，切实加强扶贫开发的针对性和实效性。

2. 因人因地施策

要深入分析贫困村和贫困户的致贫原因，确保帮扶到最需要帮扶的群众、帮扶到群众最需要扶持的地方。贫困人群识别出来以后，针对情况确定责任人和帮扶措施，确保帮扶效果。要因户施策，通过进村入户，分析掌握致贫原因，逐户落实帮扶责任人、帮扶项目和帮扶资金。按照缺啥补啥的原则宜农则农、宜工则工、宜商则商、宜游则游，实施水、电、路、气、房和环境改善"六到农家"工程。要保障资金到户，既可以推行专项财政资金变农户股金的模式，也可以通过现金、实物、股份合作等方式直补到户；异地扶贫搬迁、乡村旅游发展等项目补助资金可以直接向扶贫对象发放。

3. 因贫困原因施策

在我国，贫困人口地致贫的原因非常复杂，既有宏观原因也有微观原因，既有群体原因也有个体原因，既有体制机制原因也有生态原因以及社会进化发展的原因。大体来看,原因多为观念守旧、资源缺乏、因病因婚因学等。精准扶贫只有找准贫困"根源",才能有效施策,要强调到村到户,最终落实到人,根据不同的致贫原因,制定不同的致富路径,综合运用产业扶贫、教育扶贫、健康扶贫、职业技能培训、保障兜底等举措,提高精准扶贫实效。

4. 因贫困类型施策

贫困类型多种多样,比较普遍的分类是将贫困分为绝对贫困和相对贫困。绝对贫困也称生存贫困,是指缺乏维持生存必需的最低生活标准的能力,维持生存必需的基本条件包括食品、住房和衣着消费等。相对贫困是指一个人或家庭的收入低于社会平均收入水平并达一定程度时的生活状况,具有比较的意味,它包含了更高层次的社会心理需要,主要是指和某参照群体进行比较后的一种落后和收入下降的境况。因贫困类型施策要求我们精准识别贫困户的相关情况,识别城市和农村的贫困户,识别贫困地区和非贫困地区的贫困户,识别一般贫困地区、特困地区、连片特困地区,根据贫困类型有针对性地施策,对于绝对贫困户着力解决温饱问题,对于相对贫困户多措并举进行"造血"式扶贫,确保精准扶贫落到实处,真正解决百姓难题。

(三)精准扶贫必须扶持"五个一批"的重点领域

一是发展生产脱贫一批。习近平指出,要引导和支持所有有劳动能力的人依靠自己的双手开创美好明天,立足当地资源,实现就地脱贫。[①] 贫困者首先应自食其力,同时党和政府积极引导,出台相关政策加以扶持。云南省弥勒市江边乡充分发挥特色产业优势,坚持以"一

---

① 《习近平在中央扶贫开发工作会议上强调 脱贫攻坚战冲锋号已经吹响 全党全国咬定目标苦干实干》,《人民日报》2015年11月29日。

花三果"为主的产业发展思路,加大土地流转工作力度,着力培育壮大杧果、万寿菊、核桃、板栗、畜牧养殖等优势产业,采取"公司+农户+订单+基地+技术"的发展模式,在全乡推广万寿菊种植1.1万亩,在江边、平地、干田、布腊等村发展杧果种植1.4万余亩,在小倮份、平地发展生态鸡养殖3万余羽,2016年年底全乡贫困户均实现"30亩果园+10亩万寿菊+养殖(养猪、养羊、养牛、养鸡)"目标,760户2550人脱贫[①]。

二是易地搬迁脱贫一批。易地搬迁脱贫的工作自1994年《国家八七扶贫攻坚计划》颁布之日起即逐步开展。精准扶贫给易地搬迁脱贫提出了新的"精准性"要求——易地搬迁,按规划、分年度、有计划组织实施,确保搬得出、稳得住、能致富。划定易地搬迁地区时必须进行科学评估,评估其搬迁的难度、搬迁的步骤以及搬迁后如何解决贫困户的农业资产转移、就业、教育等问题,切实确保转移后脱贫的成效。

三是生态补偿脱贫一批。生态补偿脱贫工作已有一些有益经验。安徽金寨县2012年开展国家重点生态功能转移支付、林业专项转移支付、水库移民等生态补偿项目,开发了特色生态农业,基础设施建设大大改善,缓解贫困农户的贫困问题,金寨县成为有名的生态县。通过加大贫困地区生态保护修复力度,增加重点生态功能区转移支付,扩大政策实施范围,让有劳动能力的贫困人口就地转成护林员等生态保护人员,是生态补偿工作初步探索的路径。还应进一步建立生态补偿与扶贫开发协同机制、区域生态补偿制度、生态补偿绩效评价等机制。例如,湖北省恩施土家族苗族自治州针对建档立卡中16.46万户、

---

① 李立章、张飞扬:《精准发力拔"穷根"——弥勒市江边乡脱贫攻坚工作纪实》,《红河日报》2016年12月15日。

54.19万人退耕还林贫困户，出台优惠的退耕还林政策补助标准。设立护林员、防火员等生态公益岗位，优先安排贫困人口就业，支持贫困群众直接参与重大生态工程建设，增加其生态建设管护收入，促进贫困群众增收。①

四是发展教育脱贫一批。治贫先治愚，扶贫先扶智。通过教育扶贫可以帮助贫困家庭自食其力，解决贫困问题。教育扶贫是一直以来扶贫工作所涉及的领域，但在这一特殊的历史时期通过发展教育进行精准扶贫，给予教育工作更为具体的使命。精准扶贫要优先解决最为贫困的人口的脱贫问题，因而教育扶贫工作要向贫困地区倾斜，向基础教育倾斜，向职业教育倾斜。习近平强调要帮助贫困地区改善办学条件，对农村贫困家庭幼儿特别是留守儿童给予特殊关爱。留守儿童教育不仅应从学校教育入手，留守儿童缺失的家庭教育同样需要社会关注，因而教育脱贫工作还需发动青年志愿者、社会公益团队、镇村团员青年等群体，以"项目+结对+接力"的方式，通过实习支教、随手公益等方式，针对留守儿童开展课业辅导、亲情陪伴、图书漂流、爱心捐赠等多种形式的关爱服务活动。

五是社会保障兜底一批。将丧失劳动能力、无法通过产业扶持和就业帮助实现脱贫的贫困家庭纳入农村低保，实现社会保障政策向特困人群精准倾斜，加强农村生活最低保障和城乡居民养老保险等社会救助制度的统筹衔接，让劳动无力、致富无门、生活无依的特殊贫困群众生活有保障。通过政府购买保障性扶贫服务，可以让一部分无法满足基本生活要求的最为贫困的人口脱贫。医疗负担是贫困人口最为担忧的问题，也是致贫的主要原因，必须进一步加强医疗保险和医疗救助，做到新型农村合作医疗和大病保险政策对贫困人口倾斜。

---

① 王海涛：《实施"五个一批"推进脱贫攻坚》，《农民日报》2016年2月25日。

（四）精准扶贫要推进"十大工程"的特色工作

一是干部驻村帮扶。驻村干部为贫困村争取项目和资金，并开发各类特色农业项目、改善农村基础设施，成为村民收入增长的带头人。干部驻村帮扶，为贫困村的桎梏解锁，带来新思想新活力。但这也要求驻村干部的选派要打破以往干部一味往经济发达的城市升调，可以通过对干部的扶持鼓励政策动员党员干部到需要的地方服务。另一方面，要进一步完善大学生村官和党员干部驻点基层的制度。针对在校大学生开展寒暑假返乡社会实践、见习挂职、就业创业辅导等活动，通过政策宣讲、创业扶持、就业信息进校园等方式，在帮助他们成功就业创业的同时，大力引导他们以各种方式回报家乡。

二是职业教育培训。实施就业培训到人工程，对贫困对象开展实用技术和劳动力转移培训，推进扶贫科技、实用技术培训、创业培训和职业技能培训。对贫困家庭"两后生"，要整合部门和社会资源开展助学就业，帮助他们接受实用技术培训和职业学历教育，学到一门专业技术，实现培训一人、脱贫一家的目标，切实阻断贫困现象代际传递。要大力实施就学保障到人工程，统筹发展好贫困地区的义务教育、职业教育和学前教育，确保贫困地区义务教育、高中入学率。同时，实行贫困学生就学补助制，对贫困家庭在校就读学生，由财政统筹，分层次给予适当金额的补助，帮助他们完成学业，确保不因贫困而失学、辍学。积极争取农业、人社、商务等部门支持，依托"互联网+"平台机制整合社会各类公益力量，分层分类开展技能培训、电商培训、创业辅导，尽力帮助提高技能一批、推荐就业一批、自主创业一批。

三是扶贫小额信贷。扶贫小额信贷是金融扶贫的主要工作。首先必须整合扶贫和相关涉农的资金，推行"政银企农"合作模式，建立扶贫融资机制。其次，要尽快建立健全社会信用体系，分层次分阶段地探索农村贷款评级体系，完善扶贫龙头企业、农场、专业合作社为贫困农民信用担保贷款条例。再次，要加大对贫困户后续资金和技术的投入力度。在扶贫项目进行过程中应加大对贫困农户扶贫项目的管理和少量必需品的资金投入。最后，要加大学生创业者的贷款扶持力度。根据创业者创业不同阶段的不同需求，开发不同层次、类别的信贷产品，解决创业青年的缺资金问题。

四是易地扶贫搬迁。易地扶贫搬迁是脱贫攻坚"头号工程"，为此有关部门和金融机构按照国家发展改革委等五部门联合印发的《"十三五"时期易地扶贫搬迁工作方案》要求，紧紧围绕"易地搬迁脱贫一批"的目标，出台配套政策措施。住房建设方面，进一步强化建档立卡搬迁户住房建设面积标准，控制在人均不超过25平方米的"红线"；土地政策方面，每个国家扶贫开发工作重点县新增建设用地计划600亩；金融政策方面，人民银行及时出台信贷资金筹措方案，明确专项金融债发行额度、发行方式、发行期限、贷款利率等要求，多方合力，防止贫困人口因搬迁举债、因搬迁影响脱贫。同时开展定期工作调度和定期自查工作，及时发现和解决倾向性、苗头性问题，确保易地扶贫搬迁有序推进。

五是电商扶贫。电商扶贫被认为是可复制性较高的精准扶贫工作。2013年12月召开的首届淘宝村高峰论坛上公布的数据显示，2013年全国20个淘宝村、总计1.5万家淘宝网店实现6万人直接就业。[①]2016年第四届中国淘宝村高峰论坛发布的《中国淘宝村研究报告（2016）》显示，2016年全国淘宝村数量增加到1311个，全国淘宝镇增至135个，至少创造84万个就业岗位。[②]农村电商得以迅猛发展有几方面的原因：一是农村电子商务平台为农民提供了低成本的网络创业途径；二是农村

[①] 路曼：《"淘宝村"激起农村经济新涟漪》，《国际商报》2014年1月6日。
[②] 《第四届中国淘宝村高峰论坛首落江苏沭阳 探索乡村电子商务新模式》，http://news.163.com/16/1029/11/C4HQFAIS000187VI.html。

基础设施持续改善,为电子商务在农村推广提供了硬件保障;三是农村"熟人"社会的特征,随着农村电子商务带头人的出现,农村电子商务能够迅速集团化发展。要使农村电商的发展有效地实现落后农村或者贫困家庭脱贫,必须引导农村电商健康科学发展。要通过电商扶贫就必须充分利用以上电商在农村得以发展的规律。

六是旅游扶贫。我国70%的优质旅游资源分布在中西部地区、边境地区和革命老区等贫困地区;在全国800多个贫困县中,有近300个县属于国家主体功能区的限制开发县,经济发展落后,生态环境却良好,是名副其实的"好山好水好风光";在全国十多万贫困村中,至少有50%具备发展乡村旅游的基本条件。贫困地区开发建成的新景区成为旅游消费新热点。例如,贵州是我国开展乡村旅游扶贫较早的地区,贵州思南县长坝镇位于乌江边,当地村民以种植红薯为主,但是地里到处是怪石,影响收成,村民很讨厌这些怪石。经考察,这些怪石是"喀斯特石林"。2009年,思南乌江喀斯特国家地质公园获批建设,经过数年建设,游客数量不断增长。经营较好的农家乐一年可以收入二三十万元,村民们加入旅游公司每月可以拿到1500元到2000元的工资,烹饪特色美食的厨师工资在3000元以上。曾经让村民头疼的石头为村民们带来了希望[①]。

七是光伏扶贫。2014年11月,国家能源局、国务院扶贫办联合下发《关于组织开展光伏扶贫工程试点工作的通知》,安徽、河北、山西、甘肃、宁夏、青海等6个省区被作为光伏扶贫试点。安徽省在2015年启动光伏扶贫试点工作,一年来全省就累计建成贫困户光伏电站31350座,农户年均收入可增收3000元左右[②]。光伏扶贫就是通过国家统筹、

---

① 李志刚:《发展乡村旅游精准扶贫的突破口》,《中国旅游报》2016年3月15日。
② 汤超、齐振江:《光伏扶贫如何精准发力》,《安徽日报》2016年2月24日。

地方配套、银行支持或用户出资等筹措方式，利用贫困地区荒山荒坡、农业大棚或设施农业等建设光伏电站，能收获环境和经济的双重效益。光伏扶贫的确能够立即为贫困户增收，但也存在投入大、维护难的问题。因而要切实使得光伏扶贫发挥作用，要使光伏扶贫具有"精准"视野，不能一味扩大工程量，只能局限于具有自然条件优势的地域，并考量贫困户是否具备安装和维护光伏电站的能力。光伏扶贫工作必须扎实稳步地推进。

八是构树扶贫。中科安岳林业公司与叶河村构树专业合作社合作的"公司+专业+合作社+农户+基地"的生产经营模式的尝试，务川自治县首创将构树作为肉羊饲料已试种5000亩，让农户户均增收1.5万元，这都为构树扶贫工程的产业模式建设提供了借鉴和启示。构树扶贫工程的推进必须看到，其扶贫最主要的优势就在于解决了我国蛋白质饲料原料短缺阻碍畜牧业发展的瓶颈。要充分发挥构树种植的扶贫效益，必须打造构树"林—料—畜"的产业链，通过产学研合作进一步挖掘构树产业链的效能，并帮助贫困农民掌握种植技能。并由政府牵头，招商引资，带动贫困村构树产业链形成，可以解决就业不足、贫困村资源匮乏等问题。

九是致富带头人创业培训。建立农村致富带头人"千人培养计划"等培训机制，依托网络平台，联合高校和专职院校，邀请创业成功者，解读当前最新的产业动态、创业的实操和营销技能技巧。可以组建有成功创业经历、丰富创业经验的创业导师团，一对一帮扶创业者，为其提供技术服务和营销策略。此外，可联系企业或群团组织共建一个实体化、多功能、线上线下相结合的青年就业创业服务中心，在就业创业信息对接、订单培训、导师辅导、产品上行等方面提供精准帮扶。

十是龙头企业带动。把发展活力最强的民营企业与发展需求最迫切的贫困群体有效对接起来，特别是民营企业与建档立卡贫困村、贫困户直接结对帮扶，帮扶行动直接到村到户。民营企业与贫困村、贫困户结对帮扶，可以带来资金、技术、管理等先进生产力和先进理念，为贫困村营造商品生产、市场经济氛围，帮助贫困群众转变发展观念，从根本上激发内生动力和发展活力。同时，贫困地区特有的自然环境、投资需求和消费增长也为民营企业提供广阔的发展空间，有助于企业拓展自身文化建设和品牌建设，是一个双赢的行动。

第四章
阻断贫困代际传递：摆脱贫困奔小康的根本之策

人民对美好生活的向往，是中国共产党人的奋斗目标。党的十九大报告提出，深入开展脱贫攻坚，保证全体人民在共建共享发展中有更多获得感，不断促进人的全面发展、全体人民共同富裕。当前正处于全面建成小康社会的决胜阶段，让贫困地区和贫困人口走出贫困，同步实现小康，是期许更是责任，在这一过程中，教育责无旁贷地成为治本的力量源泉。2015年颁布的《中共中央国务院关于打赢脱贫攻坚战的决定》，要求着力加强教育脱贫，加快实施教育扶贫工程，让贫困家庭子女都能接受公平有质量的教育，阻断贫困代际传递。对于贫困地区的贫困人群而言，唯有教育才能激发自身的潜力，并产生改变命运的长效作用。知识改变命运，治贫先要重教，贫困地区教育落后是脱贫攻坚中的一个短板，各级政府要精准发力、综合施策，让贫困家庭子女都能够享受公平有质量的教育，把教育扶贫作为一项从根本上帮助贫困群众脱贫且长期坚持的重大民生工程，践行起"阻断贫困代际传递"的光荣使命。

一、阻断贫困代际传递的重要意义

"不怕一代穷，就怕代代穷"，贫困的代际传递一方面会形成贫困的"马太效应",让贫困家庭向上流动的渠道阻塞,加剧阶层固化和社会板结,增加脱贫攻坚的难度;另一方面也会助长"知识无力感""读书无用论"等消极观念,不利于凝聚社会正能量。因此,贫困代际传递被认为是治理贫困的关键。贫困家庭因为教育程度低,缺少发展性资源,向上突破的可能性下降,容易出现贫困代际传递。一时的贫困仅仅是物质匮乏,可一旦贫困的代际传递成为一种常态,就很容易形成一种恶性循环,加剧社会不公,影响全面建成小康社会目标的实现。习近平同志多次针对贫困代际传递现象做出指示,在 2015 年 3 月参加十二届全国人大三次会议广西代表团的审议时就强调,"要帮助贫困地区群众提高身体素质、文化素质、就业能力,努力阻止因病致贫、因病返贫,打开孩子们通过学习成长、青壮年通过多渠道就业改变命运的扎实通道,坚决阻止贫困现象代际传递"。[①]

（一）我国农村贫困代际传递的特点

贫困人口的自身素质和周围环境阻碍了其脱贫致富,造成贫困的代际传递和阶层固化,这不但对贫困个人和家庭产生不良的影响,同时也影响到经济的健康稳定发展。改革开放以来,伴随着我国经济的蓬勃发展以及政府有组织、大规模推进的扶贫战略,农村贫困家庭代际传递的发生呈现收缩的趋势,主要表现在:一是农村贫困家庭代际传递从大面积发生向分散的面点发生转变,从 20 世纪 80、90 年代大面积发生,逐步演化到革命老区、自然环境恶劣和经济发展极度落后地区及边境区等集中连片特困地区,农村贫困家庭的绝对贫困状况得到显著改善。二是农村贫困家庭代际传递从东部地区逐渐向中西部地区集

[①] 《习近平李克强张德江俞正声刘云山王岐山张高丽分别参加全国人大会议一些代表团审议》,《人民日报》2015 年 3 月 9 日。

中,但不可否认,贫困的代际传递在部分经济发达的东部地区依然客观存在。三是贫困在子辈之间出现了分化,部分贫困家庭代际传递的子辈因教育、职业培训等人力资本以及社会资本异质性的客观存在而摆脱了贫困。总体而言,我国农村的贫困代际传递有着形成的复杂性、路径的双向性、后果的消极性等特点,正确认识其特征有助于在脱贫攻坚中有针对性地施策治理。

1. 贫困代际传递形成的复杂性。从辩证唯物主义与历史唯物主义的观点来看,农村贫困家庭代际传递现象是家庭因素、个人因素等内因与自然环境、制度体制、教育文化、权利贫困等外因综合作用,诸种致贫因子循环累积的结果。如此复杂的宏观、微观因素及其相互影响和制约,是使家庭陷入贫困陷阱的综合推力,因此,要彻底消除贫困代际传递现象只能靠全社会的共同努力,因地制宜、分类指导、分类解决,力求精准扶贫和有效扶贫。

2. 贫困代际传递路径的双向性。农村贫困代际传递的路径主要是"父母—子女"的正向传递,由于父母的长期贫困,使得贫困家庭的子女毫无选择地被迫继承了父母的贫困和一切导致贫困的不利条件和因素,从而缺乏发展的资源和机会。同时,农村贫困代际传递的路径还表现为"子女—父母"的反向传递。基于我国特殊的国情和农村特有的生活习俗,在当前及未来一段时期内,家庭养老依然是农村居民养老的主要模式,父母的生活状况在很大程度上取决于子女的经济状况,子女的贫困必然导致父母也陷入贫困。这种贫困的双向互动在农村贫困家庭代际传递中是客观存在的,成为农村反贫困治理必须正视的一大现实问题。

3. 贫困代际传递后果的消极性。缺乏必要的物质资本和人力资本是农村贫困家庭代际传递的主要诱因,在这两类资本缺乏形成内生增长能力的情况下,贫困家庭获取社会资源的自身能力也随之下降,于是处于贫困境遇的家庭在经历了较长时期的贫困之后,往往丧失了脱贫致富的原动力,容易陷入要么怨天尤人要么逆来顺受的"负能量"状态,其潜在的劳动生产力得不到应有的释放和发挥,进而会导致社会福利的净损失。同时,贫困代际传递使贫困人口失去向上流动的物质基础和精神动力,导致社会阶层的固化,社会结构断层和社会阶层对立,从而带来社会不稳定的隐患。相关政府部门及社会组织要充分认识到贫困代际传递的消极后果,切实增强贫困家庭脱贫致富的内生动力,帮助他们尽快摆脱贫困。

(二)阻断贫困代际传递是全面建成小康社会的必然要求

建设小康社会,让全国人民共同富裕,这是我国改革开放以后确立并逐渐丰富、成熟的一个奋斗目标,早在1982年召开的党的十二大上就有专门论述。党的十六大第一次提出了在21世纪头20年全面建成小康社会的奋斗目标,为到21世纪中叶基本实现现代化打下坚实基础。党的十八大对全面建成小康社会目标提出了新要求,构成了全面建成小康社会的经济建设、政治建设、文化建设、社会建设和生态文明建设五个方面的目标体系,十八届五中全会进一步提出了全面建成小康社会新的目标要求。习近平指出,全面小康,要求覆盖的领域要全面,是五位一体的全面小康。全面小康社会要求经济更加发展、民主更加健全、科教更加进步、文化更加繁荣、社会更加和谐、人民生活更加殷实。要在坚持以经济建设为中心的同时,全面推进经济建设、政治建设、文化建设、社会建设、生态文明建设,促进现代化建设各个环节、各个方面协调发展,不能长的很长、短的很短。[①] 农村贫困人口如期脱

[①] 习近平:《在党的十八届五中全会第二次全体会议上的讲话(节选)》,《求是》2016年第1期,第1~3页。

贫、贫困县全部摘帽、解决区域性整体贫困,是全面建成小康社会的底线任务,而贫困的代际传递造成贫困的长期化和跨代化,阻断贫困代际传递是全面建成小康社会的题中应有之义。

1. 阻断贫困代际传递,使经济更加健康发展

改变贫困地区的状况,能够推进社会主义新农村建设,实现农业现代化,提高城镇化质量,构建城乡、区域互动发展格局,可以增强发展协调性,努力实现经济又好又快发展。贫困代际传递的发生,使农村贫困家庭生活在维持生存的状态下,对农业生产的投入极其有限,消费需求严重不足,不利于农村经济发展。加之,由于人力资本投入严重不足,限制了贫困人口劳动力潜能的发挥,致使贫困人口固化为人口压力,而不能转化为劳动力资源优势,阻碍了工业化和城镇化进程的顺利推进。打好脱贫攻坚战,提升扶贫开发的精准度,加大扶贫开发投入,通过整合专项扶贫、项目扶贫、行业扶贫、惠农政策扶贫等多方力量,让贫困人口参与扶贫项目,阻断贫困代际传递,有助于推动城乡经济发展的协调性。

2. 阻断贫困代际传递,使政治建设更加民主

推进政治建设,要求的是人民民主不断扩大,这需要不断完善民主制度,丰富民主形式,让依法治国的理念深入人心。增强基本公共服务能力,吸引各阶层参与到国家事务管理中来,推动基层民主制度更加完善,更好地保障不同阶层人民权益和社会公平正义。当前,中国特色社会主义民主取得了长足的进步,但仍存在一些制约因素,贫困代际传递就影响着政治建设。其一是贫困人口结构的约束。贫困群体对于民主参与的意愿冷漠,激发他们的民主意愿需要依靠合理的公共政策,以发展和建设民主弥补经济的不足,逐步夯实民主政治的基石。如果因为经济问题导致困难群体长期悬置于民主政治的边缘,对于政权的长久巩固是一个潜在威胁。其二是教育公平与民主政治建设的矛盾。教育不足的现象在一些地区较为突出，严重限制着民主政治建设的发展。教育公平是社会公平的底线，是减贫脱贫、阻断贫困代际传递的根本之举。必须改善贫困群体的教育水平，提供公平有质量的教育，提高贫困民众的政治法律意识，推动民主政治建设的进程。其三是制度的不完善对政治民主的妨碍。贫困群体在正常的学习、生活、就业等方面面临着许多制度性的不公，比如妨碍平等就业的户籍制度、城乡差异的医疗保险制度。这些制度性的障碍影响着社会民主的运行，政府要从公平、平等理念出发，进行改革，让贫困群体获得更多的机会和权利，激发其脱贫积极性，更深层次地阻断贫困代际传递。

3. 阻断贫困代际传递，使文化建设更有成效

大力推进文化建设，要建立好覆盖全社会的公共文化服务体系，培育丰富多样的文化产品，满足人民的需求，增强文化软实力。要推进社会主义核心价值观深入人心，全面推动各阶层的文明养成，逐步提高社会的文明程度，实现文化大繁荣大发展。实行扶贫战略，要做到村级综合文化服务中心全覆盖，完善贫困地区公共文化设施网络。通过丰富公共文化资源供给，保障农村留守妇女、儿童和老人等特殊群体的基本文化权益，全面提高贫困地区公共文化服务水平。不仅如此，还必须增强贫困群众的文化素质，推动地方特色文化的保护和发展，不断深化"文化育民、文化富民"战略，促进贫困地区经济社会全面发展，以积极推动贫困地区群众脱贫致富。党的十八大以来，先后制定颁布了一系列实施教育扶贫的重大政策文件，为贫困地区儿童提供全面保障。在扶贫开发过程中，发展教育事业贯穿始终，让贫困地区的孩子接受良好教育，是拔掉穷根的重要途径，能够有效提高贫困人口基本素质，促使贫困人群逐步提高文明习惯养成，推动文化建设更有成效。

4. 阻断贫困代际传递，使社会建设更加均衡

加快推动社会建设进程，需要全面提高人民生活水平，基本实现教育现代化，需要完善国民教育体系和社会保障体系，需要建立合理有序的收入分配格局，需要社会就业更加充分、社会管理体系更加健全。农村脱贫工作，可以说是全面建成小康社会最繁重、最艰巨的挑战。没有农村贫困地区的小康，是不完整的小康。近年来，我国成为世界第二大经济体，经济快速地发展，人民的生活水准不断提高。但不容忽视的是伴随而来的城乡愈加不均衡发展、贫富差距不断扩大，可以说社会结构正在发生急剧的变化，贫富差距已具有一定的稳定性并形成了阶层和代际转移，一些贫者正从暂时贫困走向长期贫困和跨代贫穷。如果不想办法改变这一情况，贫富差距便会趋向稳定化和制度化，成为一种很难改变的社会结构，社会阶层流动通道也将被严重堵塞。[①] 阻断贫困代际传递，可以不断优化社会结构，使社会建设更加均衡。

5. 阻断贫困代际传递，使生态优势转变为经济优势

生态文明建设和精准扶贫都是关涉国计民生的大事。贫困地区往往拥有良好的生态资源，如果能够把两者有机结合起来，实现两者的良性互动，既可以推动贫困状况的改善，又可以促进生态环境的保护，将生态优势转变为经济优势，走出一条生态文明建设与扶贫开发协调发展之路。一般而言，贫困地区对于自然资源的依存度较高，实施好扶贫战略，提高贫困人口的收入，才能从根本上减轻对良好生态环境的压力，保护好绿水青山。要充分挖掘贫困地区的内生力，把贫困地区的资源优势与市场需求结合起来，要把生态产业开发转移到依靠科技进步和提高劳动者素质上，重点开发市场前景广、比较优势显、产品附加值高、带动农民增收能力强的生态特色产业，逐步构建绿色生态产业体系。

---

① 冯华：《贫富差距到底有多大？》，《人民日报》2015年1月23日。

二、教育在阻断贫困代际传递中处于基础性地位

教育是民生之首,在扶贫攻坚中具有基础性、先导性作用。联合国教科文组织的研究表明,受教育者的层次与劳动生产率存在着关联:本科 300%、初高中 108%、小学 43%,人均受教育年限与人均 GDP 的相关系数为 0.562。可见,教育在促进脱贫、防止返贫方面有着根本性的作用。扶贫先扶智,治贫先治愚,通过教育拔除穷根,是阻断贫困代际传递、帮助贫困群众摆脱贫困的根本途径。十年树木,百年树人。教育扶贫能让贫困人口掌握知识、改变命运、造福家庭,是最有效、最直接的精准扶贫。要将发展教育摆在优先位置,加大教育投入,不断提升贫困地区人力资源开发水平,增强贫困人口自我发展能力,为当地群众提供更多的就业岗位和发展机会。

(一)教育是阻断贫困代际传递的根本途径

教育是促进社会流动的机制之一,贫困群众如果能通过教育获取越多的竞争机会,他们摆脱贫困的概率就越大,这既能解决贫困问题又能创造更多的社会财富。贫困代际传递的复杂成因中,教育是最重要的影响因子。教育正是通过引导、培训去改变贫困者的思维,培养他们乐观向上与积极进取的态度与习惯。同时,教育会传授给人知识与技能,通过教育,贫困家庭出身的子女虽然在一开始拥有较少的家庭给予的物质资本,但是在学校他们可以逐渐完成社会化的过程。因为教育也是一种资本,是一种知识与技能的传授与习得,这会减少劣势的累积。再者,通过教育也可以增加社会对贫困子女的包容性与认同度,减少社会排斥与排挤。因此,脱贫必脱愚,贫困人群获得求职能力后,创造财富,摆脱贫困便容易得多,贫困的代际传递得到阻断。

然而，现实中，教育不公是造成贫困代际传递最重要的影响因素。一方面，优质的教育资源集中在发达地区，家庭富裕者可以享受良好的资源，而贫困家庭子女却与之无缘。另一方面，大量的招生指标分配在大学所在的城市，贫困家庭子女付出异常的努力才能赢得平等。由教育水平低下而引起的知识与技能缺乏束缚着贫困家庭子女，使其较难获得进一步的职业发展，从而陷入持续贫困的泥沼，用教育摆脱贫困文化的束缚，弱化、阻止贫困代际传递势在必行。

1. 教育可以增加人力资本积累

家庭成员的整体教育状况影响着收入与就业的代际传递。贫困家庭的父辈接受的教育程度较低，家庭收入较少，教育经费的支出自然也少。受代际传递效应的影响，子女不能接受与其他社会成员同等教育的可能性大为提高，而教育是人力资本形成的重要因素，由此导致人力资本含量下降。知识与技能的缺乏导致的人力资本不足，势必使他们在劳动力市场失去竞争力，要么就不了业，要么就业岗位收入低。2017年3月，习近平在参加十二届全国人大五次会议四川代表团的审议时强调：防止返贫和继续攻坚同样重要，要继续巩固，增强"造血"功能[①]。而教育就是增强"造血"功能的途径，要坚持发展教育这个治本之计，既扶贫又扶智，切断贫困代际传递，增强贫困人口的内生动力和自我发展能力。"十二五"期间，福建省深入落实教育优先发展战略，义务教育各项发展指标保持在全国较高水平，学前三年入园率达97.3%、高中阶段毛入学率达94.1%、高等教育毛入学率达42.8%、高考实际录取率达87%，终身教育体系基本形成。教育的覆盖为贫困家庭子女增加人力资本积累，有助阻断贫困代际传递。

---

① 《习近平李克强张德江俞正声刘云山张高丽分别参加全国人大会议一些代表团审议》，《人民日报》2017年3月9日。

2. 教育可以提升反贫困能力

人是认识世界、改造世界的主体,教育能够提升人的认识水平和生产能力,这是反贫困能力的基本要求。贫困的根本原因不在于物质资料的贫乏,而在于人认识能力低下,特别是对于教育资源投入的重要性认识不足。要脱贫致富就要重视和发展教育,提高劳动者的知识水平和技术能力。正确处理好教育与反贫困的关系,通过切实可行的措施大力发展贫困地区的教育,把贫困地区的教师队伍建设摆在优先发展的战略地位,保障贫困家庭子女享有更好更公平的教育,为实现"智富"奠定基础。统计数据显示,2015年北大录取农村学生比例为19.14%,实现了多年连续增长。近年来,通过实施贫困地区专项计划及北大针对农村贫困学子的"筑梦计划",以及在自主招生和高考录取中对农村考生实行政策倾斜,一大批优秀的寒门学子脱颖而出,实现了在北大求学的梦想。农村大学生的比例提高,为贫困地区摆脱贫困创造了良好的智力支持。

3. 教育可以提供改变命运的机会

我国幅员辽阔,城乡差距较大,教育公共服务的城乡差距、区域差距和群体差距显著,贫困地区的教育往往是公共服务供给的洼地。贫困家庭的子女常常难以享受公平且有质量的基础教育,也较少有机会获得有效的职业技能培训。近年来,各级党委、政府致力于顶层设计,将治愚与扶贫有机结合,切实加大对贫困地区、贫困人口的教育扶持力度。同时,大力统筹教育资源,注重义务教育薄弱地区改造,确保贫困地区每一名适龄儿童少年都有机会接受有一定质量保障的义务教育。各级党委、政府应创造条件,鼓励并帮助贫困家庭子女依靠自身努力在人生的起点处就竭力阻断贫困的代际传递。2016年5月,来自湖南农村的何江以哈佛大学研究生优秀毕业生的身份,在毕业典礼上做《改变科技知识分布不均》主题发言,成为登上哈佛大学毕业典礼演讲台的中国大陆第一人。高考对于农村孩子来说是改变命运的最好机会。教育实现阶层的流动,给了寒门学子充分的机会。

(二)我国教育扶贫政策保障到位

习近平历来高度重视扶贫工作,重视教育在扶贫开发中的重要作用。早在20世纪80年代,在福建宁德工作期间就指出:"越穷的地方越难办教育,但越穷的地方越需要办教育,越不办教育就越穷。这种马太效应,实际上也是一个'穷'与'愚'互为因果的恶性循环。"①2012年12月,习近平到河北阜平县考察扶贫开发工作时专门讲道:"治贫先治愚,要把下一代的教育工作做好,特别是要注重山区贫困地区下一代的成长。把贫困地区孩子培养出来,这才是根本的扶贫之策。"2015年9月第31个教师节到来之际,习近平在给"国培计划(2014)"北京师范大学贵州研修班参训教师回信中再次强调:"扶贫必扶智,让贫困地区的孩子们接受良好教育,是扶贫开发的重要任务,也是阻断贫困代际传递的重要途径。"2015年11月,习近平在中央扶贫开发工作会议上指出:"教育是阻断贫困代际传递的治本之策。贫困地区教育事业是管长远的,必须下大力气抓好。扶贫既要富口袋,也要富脑袋。"2015年11月,中共中央、国务院印发《关于打赢脱贫攻坚战的决定》,明确要用5年时间完成7000多万农村贫困人口脱贫任务,解决区域性整体贫困。教育作为脱贫的五大举措之一,被赋予重大使命。2017年2月,习近平在中共中央政治局第三十九次集体学习时强调,贫困群众既是脱贫攻坚的对象,更是脱贫致富的主体。要注重扶贫同扶志、扶智相结合,把贫困群众的积极性和主动性充分调动起来,引导贫困群众树立主体意识,发扬自力更生精神,激发改变贫困面貌的干劲和决

---

① 习近平:《摆脱贫困》,福州:福建人民出版社2014年版,第173页。

第四章 阻断贫困代际传递:摆脱贫困奔小康的根本之策

心,靠自己的努力改变命运。

2017年7月26日,习近平在省部级专题研讨班上强调要"不断顺应人民群众的新需求、新期待,不断增强改革发展的实效"。十八大以来,以习近平同志为核心的党中央想群众之所想、急群众之所急、解群众之所困,始终把改善人民生活、增进人民福祉置于重中之重位置。阻断贫困代际传递,追求教育公平,我们一直在路上。我国当前还有几千万的贫困人口,贫富差距问题日益凸显,消除贫困艰难程度可想而知。消除贫困,我们拥有坚实的基础:经济实力的提升是资本保障,社会主义制度是制度保证,30多年的扶贫工作实践是经验源泉。在扶贫攻坚这场非赢不可的战役中,教育扶贫举足轻重。近年来,各级政府精准发力,综合施策:2010年到2012年,在国家政策的强力推动下,普通高中、学前教育、中等职业教育三大领域全部纳入国家学生资助体系。自2011年起,我国在集中连片特殊困难地区启动实施农村义务教育学生营养改善计划,片区内3200多万农村义务教育阶段学生直接受惠。从2012年起,我国启动实施面向贫困地区定向招生专项计划,受惠学生2014年已达5万人,贫困地区农村学生上重点高校人数连续两年增长10%以上。2013年7月,国务院办公厅转发了教育部等部门制定的《关于实施教育扶贫工程的意见》,明确了教育扶贫的总体思路、主要任务和保障措施等,充分发挥教育在扶贫开发中的重要作用。2015年1月,教育部会同国家卫生计生委等部门制定《国家贫困地区儿童发展规划(2014—2020年)》,将对片区内从出生开始到义务教育阶段结束的农村儿童的健康和教育实施全过程的保障和干预,编就一张保障贫困地区儿童成长的安全网。2015年6月,国务院印发的《乡村教师支持计划(2015—2020年)》指出,到2020年全面建成小康社会、基本实现教育现代化,薄弱环节和短板在乡村,在中西部老少边穷岛等边远贫困地区。发展乡村教育,帮助乡村孩子学习成才,阻止贫困现象代际传递，是功在当代、利在千秋的大事。必须把乡村教师队伍建设摆在优先发展的战略地位。要聚焦乡村教师队伍建设最关键领域、最紧迫任务，打出组合拳，精准发力，标本兼治，到2020年，努力造就一支素质优良、甘于奉献、扎根乡村的教师队伍。2015年修订的《中华人民共和国教育法》首次将"教育公平"写入法律，明确提出"国家采取措施促进教育公平，推动教育均衡发展"。"十三五"规划强调，普及高中阶段教育，逐步分类推进中等职业教育免除学杂费，率先从建档立卡的家庭经济困难学生实施普通高中免除学杂费。完善资助方式，实现家庭经济困难学生资助全覆盖。关注身处不同环境的孩子，关爱帮助贫困家庭子女，提高他们的学习能力和发展能力，利于教育公平。① 教育扶贫的一系列扎实行动，为贫困子女的教育奠定了良好的政策支持基础。通过政策支持，从阻断贫困代际传递产生的教育根源入手，让优质的教育资源滋润贫困地区，使更多的山区孩子感受到公平的教育，同时也增强贫困地区人员的自我发展能力，改变劳动者的素质构成，对于解放和发展生产力的内生源奠定坚实的基础，充分体现了社会主义的本质要求。2015年11月29日，《中共中央国务院关于打赢脱贫攻坚战的决定》(以下简称《决定》)提出，要着力加强教育脱贫，加快实施教育扶贫工程，让贫困家庭子女都能接受公平有质量的教育，阻断贫困代际传递。《教育脱贫攻坚"十三五"规划》，就是全面落实《决定》的举措，发展教育脱贫，能够有效地阻断贫困代际传递。党中央、国务院围绕教育扶贫的薄弱环节，针对各级教育层次密集进行了一系列"靶向治疗"。在阻断贫困的代际传递问题上，教育大有可为，需要全社会的共同努力。教育扶贫要"保中间、抓两头"，多措并举，综合施策，重在提高教育脱贫的质量和效益。

---

① 柴葳:《教育是最根本的精准扶贫》,《中国教育报》2016年3月3日。

"保中间"就是确保贫困地区九年义务教育在校学生不因贫困而辍学。不仅要让所有的适龄儿童都能接受九年义务教育,还要让所有的小学生都能顺利升到初中。《决定》指出:"国家教育经费向贫困地区、基础教育倾斜。稳步推进贫困地区农村义务教育阶段学生营养改善计划。"① 基础教育处在阻断贫困传递的起点,引起广泛关注。2017年7月19日,李克强在国务院常务会议上强调:"我们不但要保障人民群众的基本生活,而且要让广大适龄儿童,特别是寒门子弟都要接受义务教育,阻断贫困代际传递。"福建省为了缓解23个贫困县农村师资力量不足等状况,2015年省教育厅在全省公开招募150名左右优秀退休教师赴重点县城关以外的中小学、幼儿园支教。同时,退休教师可根据专业特长和实际需求,通过开展课堂教学、听课评课、专题讲座等方式指导青年教师,协助做好教学管理工作。推动城乡教师合理流动和对口支援,通过对基础教育师资支持力度的倾斜,为贫困地区学校培养质量好、留得下、稳得住的教师。

"抓两头"就是要加快普及贫困地区学前教育和高中阶段教育,基本满足初、高中毕业后的"两后生"接受职业教育或职业培训的需求,针对不同教育群体分类施策。

学前教育要重点保障每个孩子都有机会接受学前三年教育。《决定》指出,要"健全学前教育资助制度,帮助农村贫困家庭幼儿接受学前教育"②。积极探索幼儿园资助档案的建立健全,精准实施资助金额的下发,逐步完善学前教育资助制度,推动普惠性幼儿园帮扶政策,推广学前教育师资巡回支教,让贫困家庭的子女免费入园,入好园。

高中阶段教育要重点加快普及步伐,让每个初中毕业学生都能接

---

① 《中共中央国务院关于打赢脱贫攻坚战的决定》,《人民日报》2015年12月8日。
② 《中共中央国务院关于打赢脱贫攻坚战的决定》,《人民日报》2015年12月8日。

受普通高中或中等职业教育。《决定》提出:"普及高中阶段教育,率先从建档立卡的家庭经济困难学生实施普通高中免除学杂费、中等职业教育免除学杂费,让未升入普通高中的初中毕业生都能接受中等职业教育。"① 贫困地区普遍存在高中阶段教育资源不足的情况,高中教育的攻坚计划也应纳入脱贫致富战略。普及高中教育是消除大规模贫困的捷径。受过高中教育者,通过培训可以优化自身掌握的技术和能力,改善我国的劳动力结构。更重要的是,他们因此可以从事高技能职业,进入收入较高的第二、第三产业,收入水平达到社会平均水准,阻断贫困代际传递。

要把职业教育摆在突出位置。一个国家特别是发展中国家,要实现持续快速发展,离不开技术型人才的培养。通过职业教育,可以培养出大量胜任生产一线工作的技能人才。依托生产力的持续推动,创造充裕的财富,除掉贫困代际传递的根源。以中等职业教育为承载点,结合贫困地区的教育实际情况,重点建设一批特殊优势专业,突出就业导向,努力使贫困地区家庭的子女能接受实用性强、操作性强的职业培训。

高等教育要重点扩大贫困地区招生规模,让贫困家庭子女能享受到优质教育资源。进一步推进招生改革,通过政策倾斜,让更多贫困家庭孩子进入重点高校。在2016年1月召开的全国教育工作会议上,时任教育部部长的袁贵仁提出2016年重点大学面向农村贫困地区定向招生人数将比去年再增加1万人,实现少数民族自治县全覆盖,继续提高中西部地区高考录取率。针对贫困地区实施教育扶贫工程,进行精准帮扶,运用资金和政策,加大对特殊困难群体的帮扶力度,增强其幸福获得感,提升其发展能力,能够有力阻断贫困代际传递。

《决定》提出,要建立保障农村和贫困地区学生上重点高校的长效

---

① 《中共中央国务院关于打赢脱贫攻坚战的决定》,《人民日报》2015年12月8日。

机制，加大对贫困家庭大学生的救助力度。近年来，福建省高校本专科生资助工作有序开展。截至 2016 年 12 月，全年生源地信用助学贷款 8.35 万笔，放款总额近 5.2 亿元；享受国家励志奖学金 19263 人，资金 9631.5 万元；享受国家助学金 113545 万人，资金 32665 万元。同时，根据区域发展的要求，调整优化高职院校专业结构，扩大对农民子女招生的规划，提升专业服务产业发展能力，如福建省积极引导部分普通本科高校向应用型转变，全面提高学校服务区域经济社会发展和创新驱动发展的能力。

三、精准教育扶贫的主要举措

精准教育扶贫是脱贫攻坚的治本之策，是一项系统性工程，更是助力脱贫攻坚深入推进的强大支撑。针对教育最薄弱领域和最贫困群体，精准帮扶，加大对贫困学生的关爱帮扶力度，促进教育强民、技能富民、就业安民，使建档立卡贫困户的子女上升有通道、就业有技能、发展有希望，切实阻断贫困代际传递。

（一）贫困地区教育发展存在的主要问题

支持贫困地区教育事业发展，推进教育扶贫，是一项基础性、长期性工作，我国在教育扶贫方面已经开展了大量卓有成效的工作，为下一步打赢脱贫攻坚战积累了宝贵经验。但贫困地区教育发展仍比较滞后也是不争的事实，主要表现在[1]：

1. 教育基础薄弱。贫困地区大都地处山区、牧区和高寒高海拔地区，

---

[1] 朱之文：《扎实推进教育脱贫　着力阻断贫困代际传递》，《行政管理改革》2016 年第 7 期，第 4~10 页。

资源禀赋差，教育欠账多，办学条件不足。比如，全国连片特困地区尚有1020多万平方米中小学危房，义务教育学校近40%体育运动场不达标、近40%的理科实验室缺仪器设备、超过22%的校园未接入互联网；小学五年保留率比全国平均水平低10多个百分点，初中毕业生升学率低20多个百分点。

2. 教育资源合理布局难度大。城镇化、工业化引发了大规模人口流动，学龄人口变动频繁，出现了大量农村留守儿童和进城务工人员随迁子女。2015年全国共有2019万农村留守儿童、1367万进城务工随迁子女，避免让他们在教育的起跑线上就种下贫困的"种子"，是一项复杂而艰巨的任务。近年来，一些地方出现了农村学校空心化和城镇学校"大班额"矛盾叠加的现象。如何面对这一新情况，科学合理地布局城乡教育资源，是一个重大挑战。

3. 职业教育发展滞后，人才培养水平亟待提升。贫困地区往往是农业大县、工业弱县，产业结构单一，职业教育发展滞后。全国有253个县没有中等职业学校，基本都在集中连片特困地区。贫困地区的职业学校，普遍缺乏实习实训条件，难以培养学生实践操作能力。部分学生因对职业学校教学条件不满意而选择辍学，有的职业学校学生毕业后难以在当地顺利就业。

4. 农村教师整体素质不高。近年来，虽然贫困地区农村教师队伍建设取得明显进展，但仍是教育最薄弱的环节，主要是待遇偏低，性别、年龄、学科结构不合理，结构性缺编突出，教师发展机会较少，"下不去、留不住、教不好"的问题依然突出。

5. 教育经费不足。贫困地区经济发展滞后，95%以上的县财政不能自给，财政能力和城乡居民收入水平对教育的支撑能力不足。"十三五"期间，贫困地区在扩大乡村普惠性学前教育资源、全面完成义务教育薄弱学校改造任务、完善普通高中经费保障机制、化解普通高中债务、推进职业院校发展等方面，仍需要大量经费投入。

6. 贫困地区脱贫致富的内生动力有待进一步激发。多年来，一些贫困地区的干部群众不同程度存在"等靠要"思想，发展教育、摆脱贫困的主观能动性仍需进一步调动。另外，受"读书无用论"等观念影响，部分贫困家庭子女辍学外出打工的现象常有发生。

（二）提升教育扶贫的精准度和实效性

教育扶贫是一项系统性的工程，涉及面广、工作难度大。努力构建到村、到户、到人的精准教育扶贫体系，实施精准教育扶贫政策，可以聚焦需要帮扶的贫困家庭子女，通过整合物力、人力、财力等资源，推动扶贫工作由"输血式"向"造血式"转变，提高措施实施的精准度和实效性，让贫困地区和贫困群众通过教育改变命运，促进贫困家庭从根本上脱贫致富。

1. 对象要精准

推进精准教育扶贫，基础是扶贫对象要精准。教育扶贫不是普惠性的福利，而是补齐贫困地区教育的短板，有针对性地使教育扶贫能落地生根。实事求是的精神必须贯穿始终，根据贫困的类型和原因、发展的资源和条件，科学制定教育扶贫开发方案，提高精准性、系统性和可操作性。既要注重整体联动，着力解决制约贫困地区教育发展的基础设施、师资保障、教学条件等，又要突出扶贫重点，针对特困户重点帮扶，提升其自我发展能力，使他们增强获得感、得到真实惠；既要认真摸排，核清真正的贫困人口，特别是贫困家庭子女的情况，又要搞清楚贫困地区学前教育、义务教育、高职教育的情况。

在精准改造的过程中，一定要从最困难的地区入手，特别要聚焦基础较为薄弱的学校。只有这样，才能让贫困家庭子女不仅有学上，还能上好学校。要满足贫困地区教育的基本要求，做好雪中送炭的工作。只有精准地识别教育扶贫对象，才能真正摸清贫困地区教育的底数，确保扶贫资源向贫困地区教育集中，使"真贫困者"和"返贫困者"能够得到更为有效的扶持和帮助。

近年来，有些地方依托教育信息化建设，为教育脱贫提供精准的信息支撑。为提高资助工作精准度，2015年，福建省构建起学生资助网、学生资助信息化工作平台和微信公众号三位一体的学生资助工作信息化系统，为教育扶贫提供了大数据支撑，有利于实现资助工作的精准化管理，提高工作的效能和服务水平。

2. 方式要精准

要完善教育扶贫规划，发展普惠性金融，推动教育扶贫大发展。针对不同层次教育阶段，实施不同的资金扶持策略。增加学前教育补贴，推动学前儿童营养提升计划；实行"钱随人走"策略，保障贫困家庭子女在义务教育阶段享受"两免一补"；高中阶段不仅学杂费全免，还要增加生活费补助；大学阶段完善高校资助计划，将补助科学有效地覆盖到贫困大学生。从2016年开始，福建省每年按上年度地方一般公共预算收入的2‰筹集资金，专项用于精准扶贫精准脱贫。教育扶贫资金不仅有地方资金的补贴，而且还有公益助学的参与。为了提高扶贫的精准度，福建在省级23个扶贫开发重点县陆续创建"儿童快乐家园"，加大对困难家庭儿童、留守儿童的家庭教育帮扶力度。同时，省妇女儿童发展基金会继续推行"春蕾计划"，实施助学、成才、圆梦、护蕾四大公益项目，针对贫困家庭的小学生、初中生、高中生、大学生，每人每年分别给予900元、1500元、3000元、5000元的资助。

3. 内容要精准

要推动教育扶贫的精准化，重点是政府项目安排要精准。提升教育扶贫质量，切忌乱喊口号，好高骛远，把扶贫工作当作政绩工程；要多听贫困群众的心声，真正把贫困地区教育的需求纳入扶贫范围。

加强教育帮扶力度，提高贫困地区人力资源素质，是教育扶贫不懈努力的目标。近年来围绕"教育公平发展和质量提升"，各级政府做了巨大的努力，促进教育资源特别是人才资源向贫困地区倾斜，加强教育扶贫，增加教育资源投入，降低适龄儿童失学辍学比例，贫困地区人口平均受教育的年限得到较大提高，教育现代化取得长足发展。针对不同阶段的教育，有针对性地实施教育质量提升计划：在基础教育方面，追求公平，实施普惠性学前教育资源支持；在义务教育阶段，追求均衡发展，贫困地区与发达地区的教育差距逐步缩小；在普通高中教育阶段，追求免费教育，实施免除杂费覆盖建档的贫困家庭子女；在职业教育过程中，追求现代化发展，巩固提高教育质量，积极发展本科层次以上的职业教育，扶持应用型学校的转型；在高等教育阶段，追求内涵式发展，进一步调整保障贫困地区农村学生上重点大学的政策措施，拓宽贫困家庭子女向上流动的渠道。2015年，福建省建立健全各阶段教育资助体系，为教育质量提升提供物质保障。完善各阶段的资助政策，提高资助的标准。在普通高中国家助学金方面，在不同档次上分别每年增加300~500元的补助，覆盖至城乡低保家庭、孤残学生、烈士优抚家庭等，资助比例实行动态管理；在中职教育国家助学金方面，在原来档次上每年提高500元。同时，继续完善高校学生资助政策，进一步推进国家开发银行生源地贷款工作，规范研究生国家奖学金评审工作。在中职非全日制学历教育方面继续推动免学费的政策支持。

4. 目标要精准

贫困家庭子女的顺利就业是切断贫困代际传递的关键。一方面，贫困子女的教育投入经费占比高，家庭必然期望其有业可就，更期望其能够高水平就业；另一方面，只要家庭中有一个人长期就业，就可能逐步达到全家稳定脱贫的目标。

近期，《中国青年报》发表了《用机会公平阻断贫困代际传递》的文章，报道了贵州道真县的情况。道真县位于贵州最北部，是国家级贫困县。读书在当地人看来是摆脱贫困最好的通道，即便砸锅卖铁也要供养子女读书。然而，就业的现实却是残忍的，许多靠读书走出大山的大学生因无法就业，无奈又回到县里。贫困家庭子女因为社会资源有限，视野因家庭困难所惑，常常在就业的时候处于下风，因此，就业帮扶的精准关键是增强其自身的就业能力。针对贫困大学生，在实现资助政策全覆盖的同时，应对他们开展职业指导和培训，落实高校毕业后服兵役、下基层的优惠政策，鼓励贫困家庭毕业生回乡自主创业；针对未继续升学的初高中毕业生，要广泛开展职业技能教育培训，尽量提升他们的自我发展能力，培养适应市场发展所需的知识与技能，促进贫困家庭子女的非农就业，使贫困地区和贫困人口获得平等的发展机会。同时，要适当扩大高等学校对贫困地区的招生规模，增加贫困地区子女接受高等教育的可能性。实行定向招生，吸引贫困大学生回乡就业创业，既能方便其就业发展，又能增强贫困地区脱困的内生力。通过加快实施中西部高校基础能力建设工程，增加中西部地区的本科高校数量，引导更多高校毕业生在中西部就业，推动贫困地区经济与教育的发展。

精准地进行就业帮扶，阻断贫困代际传递，福建省晋江市政府走在了前面。2015年，晋江市政府采取"输血"和"造血"的政策，针对贫困家庭的就业问题综合施策。对于就业难的帮扶对象，通过技能培训、职业介绍、扶助创业等方式，帮助他们实现就业、再就业或自主创业，增加特困家庭收入。依托青少年社工事务所社工服务项目组开展创业工作坊活动，邀请往年帮扶他人成功创业和正在筹划创业的对象参加，为他们搭建良好的沟通互动平台。对于拟创业对象，项目可落实又确有资金需求的，予以"一事一议"突破帮扶资金数额，增加资金支持力度，帮助贫困对象树立信心。

5. 制度要精准

精准的教育扶贫离不开制度的完善。教育扶贫战略的实施离不开考核管理的精准运行,因为考核既是"风向标"也是"指挥棒"。精准的教育扶贫考核体系能够保证扶贫工作导向不偏不倚。一方面,能够防止个别地方政府以扶贫工程为形象工程,巨额投入只注重形象维护,而不注重扶贫的精准;另一方面,以考核为切入点,能有效提高各地政府教育扶贫的积极性。当然,完善考核制度也要辩证地处理好贫困地区的客观实际情况与主观努力程度的关系,以及当前利益与长远考虑的关系,促进教育扶贫工作落到实处,改善贫困地区教育发展水准。

比如,实现城乡公共教育服务均等化战略的实施就离不开制度的保证。近年来,国家师范生免费教育政策进一步完善,各地纷纷实施师范生免费教育。为了改善农村师资队伍,吸引广大男生投入教师行业,2015年福建省出台《福建省师范生免费教育试点办法(试行)》,启动免费师范生教育试点,进行单列计划招生。福建师范大学等5所院校承担培养工作,首批计划招收500名男生。

做到扶持对象、扶贫方式、帮扶内容、扶困目标、制度运行这"五个精准",就一定能充分发挥教育扶贫的人才、智力、科技、信息优势,提高贫困家庭子女的脱贫能力。"再穷不能穷教育",这是老百姓最普通的诉求。在全面建成小康社会的最后攻坚阶段,通过国家层面加强顶层设计,将治愚、扶智作为扶贫开发的长远之策和根本大计,对教育扶贫工作进行系统部署,真正打好"精准"组合拳,切实加大对贫困地区、贫困人口的教育扶持力度,着力从源头上阻断贫困的代际传递,让贫困家庭子女都能够享受公平有质量的教育,让精准的教育扶贫践行阻断贫困代际传递的光荣使命。

第五章
夯实基层组织：摆脱贫困奔小康的重要前提

促进贫困地区群众脱贫奔小康，既是全国人民的殷切期盼，也是广大党员干部不容推卸的政治责任和重要使命，是践行党的根本宗旨的重要体现和巩固党的执政基础的重大举措。20世纪90年代初习近平同志深刻指出：贫困地区的发展，一靠党的领导，二靠人民群众的力量。①党的十八大以来，习近平对扶贫工作的关注和对贫困群众的关怀始终如一。2015年6月，在贵州召开的扶贫工作座谈会上，习近平强调"十三五"时期是我们确定的全面建成小康社会的时间节点，全面建成小康社会最艰巨最繁重的任务在农村，特别是在贫困地区，并就加大力度推进扶贫开发工作提出了切实落实领导责任、切实做到精准扶贫、切实强化社会合力、切实加强基层组织的四个具体要求。②其中，切实加强基层组织无疑是其他三个方面落地见效的重要保证。2017年6月，习近平在山西太原市主持召开深度贫困地区脱贫攻坚座谈会，指出要夯实农村基层党组织，选好书记，配强领导班子，发挥好村党组

---

① 习近平：《摆脱贫困》，福州：福建人民出版社2014年版，第13页。
② 《习近平在部分省区市党委主要负责同志座谈会上强调 谋划好"十三五"时期扶贫开发工作 确保农村贫困人口到2020年如期脱贫》，《人民日报》2015年6月20日。

织在脱贫攻坚中的战斗堡垒作用。①农村是脱贫攻坚战的主战场，扎实推进农村基层组织建设是开展扶贫攻坚、推动农村建设发展的关键环节和首要前提。贫困地区要把基层组织建设融入扶贫攻坚的各方面和全过程，构建以基层组织建设为引领、统筹推进扶贫开发的新机制，实现基层组织建设与扶贫开发双推进，把组织优势化为脱贫优势，把组织活力变成攻坚动力。

一、农村基层组织是脱贫攻坚的坚实基础和力量支撑

党的十九大报告指出，党的基层组织是确保党的路线方针政策和决策部署贯彻落实的基础。农村基层组织是最了解村级集体经济系统与村民所需所想的基层组织，是党在农村全部工作的坚实基础和力量支撑，是党联系农民群众的坚实纽带和贯彻落实党的扶贫开发工作的战斗堡垒，是贫困治理和美好乡村建设的组织者和实施者，是农村社会稳定发展的力量所在。随着2020年全面建成小康社会的时间节点越来越近，扶贫开发工作已进入"啃硬骨头"、攻坚拔寨的冲刺期，"越是进行脱贫攻坚战，越是要加强和改善党的领导"，要确保到2020年所有贫困地区和贫困人口一道迈入全面小康社会，必须"坚定信心、勇于担当，把脱贫职责扛在肩上，把脱贫任务抓在手上"。②脱贫攻坚新阶段，贫困地区要充分发挥农村基层组织"窗口"和主渠道以及先锋模范作用。

---

① 《习近平在深度贫困地区脱贫攻坚座谈会上强调　强化支撑体系加大政策倾斜　聚焦精准发力攻克坚中之坚》，《人民日报》2017年6月25日。
② 《习近平在中央扶贫开发工作会议上强调　脱贫攻坚战冲锋号已经吹响　全党全国咬定目标苦干实干》，《人民日报》2015年11月29日。

（一）农村基层组织的含义

众所周知，村党支部与村委会是最重要的两个农村基层组织，也是广大村民群众最为熟知的村庄权威组织。随着村民自治的实施，农村基层组织的含义与特点也随之发生新的变化，其构成呈现多元化的发展趋势。广义的农村基层组织指设在镇（办事处）和村一级的各种组织，主要是指村级组织，包括基层政权、基层党组织和其他组织三个方面，主要有村党组织、村民委员会、村团支部、村妇代会等。农村基层组织是推进农村各项工作和村民自治发展的实践者和保障，是贯彻实施法律法规、开展基层群众自治的组织载体，也是党和国家在农村各项工作的落脚点，承担着农村社会管理和社会服务的重要职责。由此可知，农村基层组织建设是党领导农村工作的重要方面，同时也是党的组织工作的重要组成部分，直接关系着农村稳定、农业发展、农民富裕和农村全面小康的顺利实现。实践证明，要解决农村问题，最根本的就是要把农村基层组织建设成为能够带领群众共同致富的坚强领导核心。重视和加强农村基层组织建设，充分发挥其应有作用，对维护农村社会稳定，推动经济发展，特别是脱贫攻坚，具有十分重要的意义。

农村基层组织是党和政府的路线、方针、政策在农村的宣传者和执行者，是国家政权建设的重要组成部分，具有时代性、整体性、系统性、综合性、历史继承性等特点，它的重要地位主要表现在：首先，农村基层组织建设是国家稳定、社会和谐的保证。基层组织的工作对象是广大农民群众，面对的是农村、农业、农民这个长期棘手的"三农"问题，这些问题往往会成为社会矛盾的爆发点。其次，农村基层组织是促进农村经济发展的重要支柱。农业是国民经济的基础，在农业经济发展方面，基层组织在组织领导、沟通协调、技术推广、服务指导等多方面发挥着不可替代的作用。再次，农村基层组织是贯彻和实施国家法律、法规的主力。要有效完成国家的法律、法规贯彻实施任务，使广大农民增强法制观念，做到自觉守法并运用法律武器保护自己的合法权益。

（二）贫困地区农村基层组织的现状

农村是脱贫攻坚战的主战场，农村基层组织和基层干部是能否打赢这场硬仗的基础保障。因此，只有以时不我待的紧迫感，充分利用农村基层组织"接地气"的先天优势，及时解决贫困农村基层存在的各种问题，将农村基层组织的工作对接精准扶贫工作，发挥其示范引领作用，着力营造风清气正的脱贫致富社会氛围和良好的产业发展环境，夯实扶贫开发基础，形成强大的战斗力，才能如期实现2020年所有贫困地区和贫困人口摆脱贫困、同步全面小康的宏伟目标。

改革开放以来，农村基层组织建设以固本强基为载体，加强了以党支部为核心的基层组织建设，村级班子的凝聚力、战斗力明显增强，同时健全规范了各项规章制度，基层民主法治建设稳步推进，并加大了对农村集体经济的政策扶持力度，推动产业结构的优化调整，农村经济得到了迅速发展。新形势下，在农村基层组织中，村干部思想观念发生了新变化，年龄结构由高龄向低龄化过渡，知识结构由低层次向高层次逐步提升，活动阵地由一村一室向多功能转变。农村基层组织建设取得明显成效，在农村经济发展及社会稳定等方面发挥了积极作用。

但同时也应该看到，一些贫困地区的农村基层组织存在村级经济薄弱、组织活动不规范、干部工作热情不高、管理制度不完善、组织功能有所弱化等问题。当前农村基层组织建设存在的问题，突出表现在：

1.农村基层组织建设与加快农业农村发展的要求不相适应。加快全面建成小康社会，大力推进农业农村发展，需要基层组织强化领导和服务作用，而部分农村基层干部难当此任，尤其是在经济相对落后的贫困地区，农村基层组织存在被"边缘化"的危险。主要表现在：一是引领发展现代农业的能力比较弱。面对农业市场化、农业产业化的新要求，一些农村基层组织和基层干部不懂不会的问题比较突出，难以向农民提供必要的信息咨询、技术指导、市场营销等服务，进入不了农村经济发展的主战场，难以胜任带领农民脱贫致富排头兵的职责。二是协调新形势下的农民利益关系不到位。在农村改革发展转型时期，由征地拆迁、利益分配等引发的矛盾冲突时有发生，导致"说话没人听、办事没人跟"，凝聚力、战斗力和号召力大打折扣。

2. 贫困农村集体经济薄弱，限制了农村基层组织作用的发挥。农村经济薄弱村转化的艰巨性与农民实现共同富裕愿望的迫切性之间的矛盾突出。随着改革开放的深入和"三农"政策的倾斜，广大农民走上小康路，但目前有些贫困农村集体经济薄弱，部分行政村基本上或完全没有集体经济收入，农村基层组织缺乏带领群众脱贫致富必要的物质条件，修桥、铺路等社会公益事业无力去办，有的基层组织办公开支要向群众摊派，村各项工作的正常运转难以为继，基层组织在群众中的威信不高。由于集体经济薄弱，党支部缺乏经济基础和物质依托，有的甚至连工资也发不出来，导致基层干部工作热情受挫，削弱了基层组织的凝聚力和吸引力。因此，从某种意义上说，集体经济的薄弱，严重制约着农村基层组织工作的开展和党支部领导核心作用的发挥。

3. 贫困地区农村基层后备干部储备不足，培养意识明显不够。部分贫困地区农村基层干部的培养、选拔、任用缺乏健全的机制，基层干部队伍老化现象较为严重。主要表现在：一是年龄老化。随着改革开放的进一步深入和城镇化的发展，加快了区域间人员的流动，农村地区中青年劳力外出寻求发展机会的现象越来越普遍，留守在家的以妇女、老人和小孩为主，造成农村基层组织干部年龄老化现象突出。加上基层干部培养意识薄弱，农村宗族观念和本位思想较为严重，有些基层组织干部自我保护意识过重,甚至担心后备干部会对自身位置构成威胁,对年轻同志特别是对于非本宗族者加入基层组织心存芥蒂,以种种理由推托,面对现实不愿积极主动地去引导、培养和发展新生力量,造成农村基层组织缺乏新鲜血液,后继乏人问题突出。这给贫困农村基层组织建设带来了严重的不良后果,基层党组织难以发挥核心作用,许多农村党员年老体弱,不仅难以带领群众发家致富、做出示范,甚至自身还需要帮助和扶持。二是知识老化。农村摆脱贫困应立足本地,善于把区域优势、地理优势变成经济优势。但有些贫困农村基层干部文化程度低,加之平时学习不够,知识更新缓慢,不了解领导科学知识、管理知识、法律知识,视野相对狭隘,思维封闭,综合素质较低,宗旨意识淡薄,缺乏民主意识和必要的政策水平,导致工作手段弱化,办事方式单一、老套,不善于用引导、法制等综合方式去说服群众,看问题孤立片面,往往造成"法律手段不会用,行政手段无法用,经济手段不敢用,思想教育手段不管用"的尴尬局面,造成干群关系的疏远和紧张,不利于贫困农村基层党组织的发展和基层工作的开展。

与发达地区相比,贫困农村基层组织建设过程中存在的问题和困难更为突出,既有客观因素又有主观因素。从客观上讲,贫困地区因地理位置偏僻,发展潜力受限,导致其基层组织建设缺乏有力的经济支撑,帮扶资源短缺,现有的帮扶资源不能满足贫困户脱贫的需要。一是自然条件恶劣。贫困农村多是气候异常,山高坡陡,土地分散,浇灌困难,特别是位于西部的部分贫困地区荒漠化半荒漠化现象严重,同样的生产资料带来的效益差。二是人口素质不高。贫困农民大多文化水平和素质不高,培养新型农民和推进扶贫开发的任务艰巨。三是基础设施落后。贫困农村公共基础设施有待进一步配套建设和维护利用,以提高抵御自然灾害和风险的能力。四是经济发展潜力小。贫困农村发展经济的条件落后,资金短缺,人才匮乏,集体经济薄弱,青壮年劳动力外出务工多。

从主观上讲，受体制环境的影响，贫困地区农民总体思想素质滞后，基层组织的战斗堡垒作用发挥不明显，导致贫困户眼界狭小，"等靠要"思想严重，被动等待帮扶，主动脱贫的积极性较差。首先是党员问题。部分基层党员缺乏民主意识和民主观念，行政命令意识残留，管理服务意识缺乏，仍有部分基层干部在开展工作的时候以"下命令""提要求"的方式行事，工作方式粗暴简单强硬而缺乏艺术和技巧，管理服务意识缺乏，干群关系紧张，导致党务、村务开展困难，工作推行受阻，同时也造成干部之间关系不和谐，不利于贫困农村各项工作的开展和扶贫开发工作的有效推进。其次是组织问题。一是"两委"职责分工不清，农村基层组织战斗力受损。妥善处理"两委"班子关系，是农村基层组织建设的基本前提。村党支部和村民委员会虽然性质不同，但根本目标一致，都是为了维护群众根本利益，促进农村经济社会发展，带领群众脱贫致富。但现实中，由于缺乏全局观念，一些农村基层"两委"定位不清，权责不明确，决策执行出现扯皮推诿、互不相让的"两张皮"现象，导致基层组织软弱涣散，形同散沙，工作处于被动局面。加之部分地方家族、宗族等势力左右村干部的工作，导致"想干事、会干事、能干事"的村干部不能很好地发挥作用。村级组织工作效率低下，离农民群众的要求相差甚远，削弱了村级党组织的凝聚力、战斗力和号召力，使其战斗堡垒作用得不到有效发挥。二是有些农村基层组织缺乏畅所欲言的民主氛围，负责人独断专行，思想守旧，民主意识薄弱，在生产和村务管理中常常采用强迫命令和强制性行政手段，根据实际情况进行创新和改革的能力欠缺，难以适应时代发展的要求，影响贫困农村基层工作的开展。三是有些地方缺乏相应的监督制约机制，党务、村务不公开，办事不公道，监督虚设，往往是以无权监督有权，以弱势监督强势，监督主体软弱无力，党内党外监督各自为政。

第五章　夯实基层组织：摆脱贫困奔小康的重要前提

（三）农村基层组织在脱贫攻坚中应发挥重要作用

农村基层组织建设与扶贫开发工作的落脚点都在农村，农村基层组织建设的强弱直接决定扶贫成效的好坏。在实际工作中不难发现：同类的扶贫项目，在有些村实施能取得非常明显的效果，不仅村容村貌发生显著变化，而且能得到群众的拥护和领导的赞誉；一些村获得的扶贫项目、扶贫资金并不少，然而多年过去，不仅山河依旧，仍然年年喊穷，年年离不开扶持；更有少数村，在扶贫项目实施后，非但没有取得应有的效果，反而引起群众不满甚至上访。可见，农村基层组织建设是关系贫困农村人心向背的一项大工程，关系到农村基层各项工作能否顺利开展，是解决农民问题、保障农民生活和实现脱贫奔小康宏伟目标的必要条件和重要前提。农村稳，则全局稳；农业丰，则人心定；农民富，则小康成。扶贫开发工作是一项长期的、复杂的、艰苦的系统工程，需要广大基层党员干部积极参与、共同努力，农村基层组织在扶贫开发中应充分发挥作用。

1.加强贫困农村基层队伍建设。俗话说，"火车快不快，全靠车头带。农村富不富，关键看支部"，村"两委"班子就是带领广大农民群众走小康致富路的"火车头"。要打赢精准扶贫这场硬仗，必须要发挥一线战斗人员的作用，而村"两委"干部就是贫困农村基层身处一线的战斗员，他们熟知村情民情，在扶贫方法和方案设计中常常能够起到画龙点睛的作用，能为上级做出正确决策提供最准确的一手信息。因此，要打赢扶贫攻坚战，发挥好村"两委"干部的作用、提升他们的战斗力至关重要。

值得一提的是，福建省在长期的基层队伍建设工作中摸索出了一套驻村干部选派机制。自2004年以来，福建省驻村工作坚持采取组织化运作、科学化选派、目标化管理、立体化帮扶、人性化保障等综合措施，各级选派4批共1.6万多名党员干部到村担任党支部第一书记，累计投入各类帮扶资金170多亿元，有力推动了福建省农村经济社会协调发展，并在全国产生重大影响。①

20世纪90年代末，针对农业生产经营水平低、农产品难卖、基层组织作用弱化等问题，福建省南平市先后从机关向农村下派科技特派员、村党支部书记、乡镇流通助理等三支队伍，深入农村一线，合力破解"三农"难题。2002年4月，时任福建省省长的习近平到南平市专题调研，充分肯定南平的做法。他说，干部下派到基层，密切了党群干群关系，巩固了党的执政地位，也培养、磨炼了自己。希望继续改革创新，将其发展、提高为一种长期有效的农业和农村工作新机制。当年，习近平在《求是》杂志撰文《努力创新农村工作机制——福建省南平市向农村选派干部的调查与思考》，对南平开创性的工作实践进行总结和推广。文章指出，干部下基层是我们党的优良传统，也是各级党委、政府抓工作的一个重要方法。它不是以解决某一个方面的问题为目的，而是运用综合性的手段和方法来努力解决农村经济和社会发展的全面问题；它不是为完成突击性、短期性工作任务而采取的一时之策，而是以一个较长的工作周期来整体推动农村经济和社会的发展。这是一种新的农村工作机制，是对新形势下农村工作机制的创新尝试。

福建省扎扎实实、坚持不懈地开展选派干部驻村工作，一任接着一任干，攻坚克难，不断激发农村发展活力。在总结南平经验的基础上，福建省委、省政府提出以"高位嫁接、重心下移、互动联动、一体运作"为主要内涵的农村工作新思路，并于2004年7月出台《关于创新农村工作机制的若干意见》，全面而持续地实施"政策扶持、部门挂钩、资金捆绑、干部驻村"工作机制。每3年选派一批干部驻村，每一批任职期限3年，持之以恒地开展工作。除了选派驻村干部机制外，福建省还从2015年开始按照"开窍、叫好、见效、变貌"的办班要求，每

---

① 黄雪梅、林淑霞:《播撒希望 强村富民》,《福建日报》2016年6月2日。

年开办 10 期扶贫开发工作重点县村支部书记培训班，同时用 2~3 年时间，采取务实管用的教学培训办法，对 23 个省级扶贫开发工作重点县约 2000 名村支书分批集中培训，力争提高村主干综合能力，加强农村基层队伍建设。

妥善处理"两委"班子关系，要进一步明确村党支部的领导核心地位，加强村党支部"总揽全局，协调各方"的作用。要把村"两委"班子配齐配强，把致富带头人、经济能人、返乡农民工、复员退伍军人等具有经济意识和带头带领村民致富的能力、具有较强的组织管理能力和较高的群众威信的群众选入村"两委"班子中。要加强村级后备干部人才库建设，把"大学生村官"作为后备村干部重点培训对象，利用大学生的知识、年轻有冲劲来提升基层组织战斗力。

2. 发挥农村基层党员表率作用。"有危险，我先上；有困难，我来帮"是党员干部的铮铮誓言，作为基层党员干部有责任去帮扶困难群众，解决他们的实际困难，帮助他们寻找发展致富的路子，在精准扶贫工作中发挥表率作用。

首先，坚定理想信念，自觉践行担当精神。崇高的理想信念是人生的精神支柱，农村基层党员干部不仅要做伟大理想的传播者，更要做伟大理想的模范实践者。基层党员干部参与精准扶贫工作是义不容辞的责任，要自觉践行担当精神，把精准扶贫责任扛在肩上、放在心上、落实在行动上，用自己的行动做出示范，点燃群众脱贫致富的热情。其次，基层党员干部要以身作则，自主创业，做致富带头人，以自身的致富实践，教育引导贫困群众克服等、靠、要的依赖思想，激发其致富愿望，根据每户贫困户自身情况，搞好结对帮扶，采取亲帮亲、邻帮邻等方式，组织村干部、村民小组长、党员、种养大户等结对帮扶贫困群众，因地制宜谋划和发展扶贫产业，帮助群众寻求加快发展新路，帮助和支持困难群众发展生产，增加收入。

精准扶贫，责任重于泰山，基层党员干部在精准扶贫工作中必须发挥表率作用，时刻保持知难而进、迎难而上的豪情锐气，在困难面前站得出、危难关头豁得出，不计个人得失，事事想在前头、处处赶在前头，不遗余力做好精准扶贫工作。

3.发挥宣传阵地功能。农村基层组织要做好政策宣传，善于通过基层典型宣传和推广促进扶贫开发工作。通过树立贫困村摆脱贫困的典型，提供可供学习和参考的脱贫致富的经验和示范，把农村中创业致富、积极扶持贫困户的党员作为带富典型宣传，使之成为党员学习的榜样；把积极转变观念、依靠一技之长增加收入的贫困户作为致富典型宣传，使之成为农民学习的榜样。把远程教育网络作为宣传典型的平台，在农村基层组织远程教育网络开设基层组织建设工作与扶贫开发的专门栏目，拓展典型宣传的广度和深度。

近年来，福建省宁德市在扶贫开发工作中就十分重视基层典型的宣传，按照"树典型、重实效、走前头、作表率"的要求，提出典型培育要体现特色，有各自的特点和亮点；要力戒形式主义，根据各自的能力水平、发展前景，实事求是、科学有序地培育；要处理好外延与内涵的关系，培育有实力的实实在在的典型；要处理好典型引路与整体推进的关系，实现以点带面、由"盆景"到"花园"，整体推进。先后涌现出霞浦县三沙镇东山村（造福工程搬迁与产业扶贫典型）、福鼎市磻溪镇赤溪村（精准扶贫典型）、福鼎市店下镇三佛塔村（党建扶贫、新村建设和产业带动典型）、柘荣县东源乡岚下洋造福工程搬迁安置点福源社区建设（整村搬迁集中安置与就地转移就业扶贫典型）和福安市穆云乡虎头村（产业扶贫与美丽乡村建设典型）等各类扶贫典型村。[①] 同

---

① 吴建明、苏晶晶：《树典型　重实效　走前头　作表率　全面提升宁德扶贫开发工作水平》，《闽东日报》2016年4月28日。

时，当地政府还出台新政策加大对在扶贫工作中有突出表现的基层党组织和基层党员的表彰和宣传力度，并将先进经验在全市范围内推广，供全市基层组织学习交流，要求做到学有所得、学有所悟、学有所动、做有所成。

二、始终坚持农村基层党组织领导核心地位不动摇

习近平指出，基层是党的执政之基、力量之源。治国安邦，重在基层；管党治党，重在基础。党的农村基层组织处在农村工作的最前沿，是党的全部工作和战斗力的基础，是农村基层各种组织和各项工作的领导核心，是党在农村最坚实的组织和力量支撑，是党团结和带领农民摆脱贫困实现小康的战斗堡垒。我们党 90 多年的奋斗历程和 60 多年的执政经验反复证明，党关于"三农"问题的理论和主张需要农村基层党组织和党员广泛而深入地宣传解释，上级党委对农村工作的各项部署要通过基层党组织团结带领群众去实施和完成，农民群众生活的改善要靠农村基层党组织来推动，党在农民群众心目中的形象要靠农村基层党组织来维护。党的农村基层组织状况如何，直接关系到党的形象，关系到党的路线、方针和政策的落实，关系到党与人民群众的血肉联系。抓好这个关键，才能牢牢握住农民富裕、农业繁荣、农村稳定的定海神针。

（一）党的农村基层组织是农村各种组织和各项工作的领导核心

加强农村基层组织建设，重点是要抓好农村基层党组织建设，农村基层党组织建设是党在农村执政的关键。1990 年 8 月，中共中央组织部等五部委联合在青岛莱西召开了全国村级组织建设工作座谈会，即"莱西会议"，总结和推广了莱西县加强以党支部为核心的村级组织

建设的经验,从理论、政策和制度上确立了以党支部为领导核心的村级组织建设工作格局,开启了农村基层组织建设新篇章。

农村基层党组织是农村各种组织和各项工作的领导核心,这是由党的性质、地位和农村的实际情况所决定的,是党章、党内法规和国家法律明文规定的。农村基层党组织的领导核心地位,要求村民委员会等群众自治组织和妇女、青年、民兵等群众组织都必须接受村党支部的领导,发挥各自的作用,促进各项工作的健康发展。概括起来讲,领导核心地位主要体现在:第一,是确保党的路线方针政策在农村得到贯彻落实的领导核心,在执行中央和地方各级党组织的决策部署中起着组织者、推动者的作用。第二,是农村各种组织的领导核心,无论是行政组织、经济组织和群众自治组织,还是各类社会组织,都要在党组织领导下按照法律和各自章程开展工作。第三,是农村各项工作的领导核心,农村经济社会发展各方面的重要工作、重要问题,都要由党组织在广泛征求意见的基础上讨论决定、领导实施。第四,是团结带领农民群众建设美好生活的领导核心,是党联系广大农民群众的桥梁和纽带。肩负着组织群众、动员群众、教育群众、引导群众的重要责任,肩负着改善群众生产生活、维护群众合法权益的重要责任。

九层之台,起于累土。习近平无论是在地方工作时还是到中央工作后,都反复强调要牢固树立大抓基层的鲜明导向,坚持抓基层打基础不放松,把基层党组织建设成为坚强的战斗堡垒。无论农村社会结构如何变化,无论各类经济社会组织如何发育成长,农村基层党组织的领导地位不能动摇、战斗堡垒作用不能削弱。突出基层党组织的领导核心地位,是坚持党在农村领导地位的内在要求,是实现农村经济社会健康发展的根本保证,也是抓好农村基层党建之魂。农村基层党组织的坚强稳固,对于巩固党的执政基础、加强国家管理以及农村的发展进步和农民的幸福安康,都具有十分重要的意义。

1. 重视农村基层党组织建设，是夯实党在农村执政根基的内在要求。中国共产党是有组织的统一整体，农村基层党组织建立在农民群众生产生活的现场，居于农民群众之中，处于全面建成小康社会的第一线，是党在农村最坚实的基础和力量支撑，是党联系农民群众的桥梁和纽带。回顾中国共产党90多年的光辉历程不难看出，重视基层党组织建设是其优良传统和成功经验：土地革命战争时期，正因为党坚持把支部建在连上，红军才能够艰难奋战而不溃散；抗日战争时期，正因为党坚持根据地发展到哪里基层组织就建到哪里，敌后根据地才能够不断发展壮大；解放战争时期，正因为党通过广大基层党组织把群众有效动员起来，人民解放军才能够以小米加步枪打败了拥有飞机大炮的国民党军队；社会主义建设和改革开放时期，正因为党始终重视和不断创新基层党组织建设，成为世界上基层组织最庞大、根系最发达的政党，才能够克服各种艰难险阻，使党的事业不断向前发展。可以说，我们党在各个历史时期取得的一切胜利，都是高度重视抓基层打基础的结果，这是我们党的一个重要法宝，任何时候都不能丢弃这个法宝。据中央组织部统计数据显示，截至2016年底，中国共产党党员总数为8944.7万名，党的基层组织451.8万个，农村基层党组织覆盖率超过99%。基础不牢，地动山摇。基础坚固牢靠的农村基层党组织成为落实党的农村工作任务的战斗堡垒和党在农村执政的关键。

2. 重视农村基层党组织建设，是检验党的作风建设成效的重要举措。党的农村基层组织根植于广阔的农村社会，广大农村党员干部与农民群众工作生活在一起，与农民群众联系最直接、最经常、最密切，最能直接把握群众的诉求和期盼，也更便于帮助他们解决现实困难和问题。如果没有一个能够发挥引领作用的农村基层党组织，就很难立足村情，找到好的发展路子和致富项目，农民收入就很难持续增长，作为全面建成小康社会短板的农村就很难与城市同步实现小康。如果没有一个能够发挥推动作用的农村基层党组织,就很难组织和动员村民支持和参与改革,凝聚改革共识,激发改革动力,落实涉农改革的各项任务。如果没有一个能够发挥示范作用的农村基层党组织和党员群体带头学法、守法、用法,村民的法治观念、法治素养也很难增强和提升,农村依法办事的规矩就很难形成,农村就很难和谐、有序和稳定。如果没有一个能够发挥形象作用的农村基层党组织和党员群体,党和农民的关系就会扭曲,党在农村的威信就会受到严重损害,党对群众的感召力、影响力就会大打折扣,甚至可能出现不是跟着走而是对着干的局面。反过来,农村基层党组织的战斗堡垒作用发挥得怎样,农村广大党员干部的先锋模范作用体现得如何,党员干部的领导素质和水平高低,广大农民群众眼里看得最真切,心里掂量得最清楚。因此,切实抓好农村基层党组织建设,在全面建成小康社会的决胜阶段时刻体现其先锋模范作用、表率作用和支撑作用,充分发挥凝聚人心、推动发展、促进和谐的功能,是检验党密切联系群众、切实服务群众的重要标尺。

3. 重视农村基层党组织建设,是赢得扶贫攻坚战的迫切需要。农村富不富,关键看支部;支部强不强,全靠领头羊。贫困地区受地理区位、自然环境、历史文化、经济发展等因素的综合影响,经济发展缓慢,基础设施比较薄弱。近年来,在一系列富民政策的指引和推动下,通过实施有组织、制度化的反贫困策略,贫困地区和其他农村地区一样发生了喜人的变化,减贫成效明显。但截至目前,全国尚有 14 个连片贫困地区和几千万贫困人口,成为实现 2020 年全面建成小康社会目标的最大障碍,对农村基层党组织提出了新的任务和挑战。农村基层党组织作为基层的领导核心和战斗堡垒,是贫困农村各项工作的组织者、参与者、规划者、实践者,贫困农村实现脱贫致富,关键在党。当前,一场轰轰烈烈的向贫困宣战的扶贫攻坚战已经打响,需要充分利用农村基层党组织"接地气"的先天优势,为农村基层党组织能力发挥提供新的平台。党提出的脱贫致富方针和政策，全靠基层党组织落实到田间地头，党的各项工作和任务，都要靠基层党组织来完成。农村基层党组织要把带领农民脱贫致富作为最重要的任务，对接到精准扶贫工作中，发挥好示范引领作用，大力宣传党的富农惠农政策，并实事求是、准确定位，制定适合本地发展的产业规划、村庄规划等一系列经济社会发展规划，科学确定工作重点、工作思路和工作措施，推动政策落实。调动和激发贫困农民脱贫致富、建设自己美好家园的工作热情和创业潜能，用好用足国家和省上政策，整合致富资金，全面促进农村的发展，把组织优势化为脱贫优势，把组织活力变成攻坚动力。只有紧紧抓住农村基层党组织这个"牛鼻子"，才能把广大农民群众紧紧凝聚在一起，形成夺取扶贫攻坚胜利的强大力量，实现对贫困户的精准对接和帮扶。

（二）强化农村基层党组织领导核心地位

全面建成小康社会，贫困地区的小康和贫困人口的脱贫是最为艰巨的任务。扶贫工作的主战场在县及县以下的农村，而农村基层党组织是党在农村全部工作的坚实基础和力量支撑，是党联系农民群众的坚实纽带和贯彻落实党的扶贫开发工作的战斗堡垒。俗话说：上面千条线，下面一根针。上面这千条线是否能够顺利穿得下来，关键就要靠下面这根针来发挥好引线的作用。当前全国上下正如火如荼地大力推进扶贫开发攻坚工作，中央到地方出台的各类扶贫开发政策、惠农政策就是上面的千条线，各地农村基层党组织就是把上面这千条线贯穿到基层每一户、每个人、每寸土地的这根针。没有这根针的穿引，上面这千条线连不到基层，接不了地气，扶贫开发政策得不到落实、农村经济得不到发展、农民收入得不到提高，脱贫致富奔小康就难以实现。只有针充分发挥好其引线的作用，上面千条线才能顺利穿下来。扶贫开发过程中必须牢牢把握、聚焦聚力全面强化农村基层党组织建设，为推动农村改革发展、促进农村经济社会进步提供坚强保证和有力支撑。

1.强化农村基层党组织领导核心地位的关键在于选好用好农村基层党组织带头人。习近平指出,做好抓基层打基础工作,夯实党执政的组织基础,关键是要建设一支高素质基层党组织带头人队伍。实践证明,支部强不强,关键看"头羊",有一个好的"领头羊",就能带动一班人、搞活一个村。选好带头人,首先要把握标准。习近平提出的新时期好干部"信念坚定、为民服务、勤政务实、敢于担当、清正廉洁"[①]的5条标准,为干部队伍建设指明了方向,为广大干部树立了努力追求的标杆,为选人用人提供了标尺。这同样也是对农村基层党组织带头人的根本要求。在推进精准扶贫、精准脱贫的关键时期,要抓住机遇,选优配强,坚持德才兼备的原则,坚持正确的用人导向,排除宗族势力、派性和各种关系的干扰,把那些政治强、本事大、口碑好的党员推选为基层党组织的带头人。所谓政治强,就是政治上的明白人。自觉讲政治纪律,守政治规矩,对上级党委的决策部署能够不折不扣贯彻执行、抓好落实,不搞阳奉阴违,不当上有政策下有对策的"两面人"。所谓本事大,就是管村治村的能干人。在引导、动员、组织村民方面,在带领群众发家致富方面,在化解矛盾纠纷方面,有管用的招法。所谓口碑好,就是群众公认的正派人。村支书天天与村民打交道,低头不见抬头见,其品行如何,村民看得最清楚。只有为人正派,办事公道,不搞优亲厚友、假公济私,真正把心思放在村里各项事业的发展上,才会有好口碑,才能赢得群众信任。

时代在变化,要根据新情况打开视野,创新办法,采取多种渠道培养选拔农村党组织带头人。在村里的致富带头人、外出务工经商人员、

[①] 《习近平在全国组织工作会议上强调 建设一支宏大高素质干部队伍 确保党始终成为坚强领导核心》,《人民日报》2013年6月30日。

第五章　夯实基层组织：摆脱贫困奔小康的重要前提

复员退伍军人、在外工作的退休干部中，在乡村医生、乡村教师和其他乡贤中，都有不少优秀人才，可以成为村支部书记人选。特别是青年农民回乡创业成功的人，将其培养为基层组织建设的带头人，更能为当地各项事业发展起带动作用。近年来，不断培养的"大学生村官"在农村党组织中起了举足轻重的作用，他们在农村数字化、网络化、信息化方面有所作为，要在政策上为其提供能够留得住、有选拔空间的条件。

2. 坚持农村基层党组织领导核心地位的重点任务在于整顿软弱涣散的农村基层党组织。加强基层党组织建设是贯彻落实党要管党、从严治党的必然要求。软弱涣散基层党组织是基层党建的软肋，常常表现为班子内部不团结，形不成工作合力甚至相互拆台；或者不敢坚持原则，碰到问题躲着走、绕着走，在大是大非问题面前不敢亮明观点；又或者干部不遵守党的纪律，管理不规范，制度不执行，甚至搞以权谋私等。说其软弱，是因为它战斗力不强；说其涣散，是因为它凝聚力不足，导致村级党组织矛盾问题突出，干群关系紧张，战斗力下降，领导核心作用弱化。坚持农村基层党组织领导核心地位，必须结合实际因"病"施治，从提高基层党组织的战斗力和凝聚力着手，完成整顿软弱涣散党组织这项重点任务。对党组织班子配备不齐、党组织书记空缺或不能胜任的，要限期调整、配备到位；对村级管理混乱、矛盾集中的，要理清问题、化解矛盾；对宗族势力干扰村务、黑恶势力活动猖獗的，要依法严厉惩处；对仅靠乡村力量难以解决的棘手问题，要派专门工作组进驻帮扶，形成常态化整顿机制；对部分村"两委"班子不团结，党委对村委会失去制约，党和政府权威弱化的，要进一步理顺村"两委"的关系，明确职责，健全制度，从而避免个别地方甚至出现"两台戏"的现象；对换届选举中出现的拉票贿选或干扰选举等行为，应不断规范相关的制度和条例，使其具有可操作性，从而进一步维护乡镇政权权威，进而不断巩固农村基层党组织的领导核心地位。整顿转化农村软弱涣散基层党组织，关键要加强农村"两委"班子建设，要把为农民群众谋福祉作为"两委"班子的履职之要，对内按制度办事，对外实行党务政务公开，通过强化整顿，实现"组织机构健全、班子团结有力、管理民主规范、经济健康发展、群众满意度高"的目标要求。要抓好基层党组织班子和党员队伍建设，继续做好帮扶工作。县镇领导干部和"第一书记"、驻村干部以及挂扶单位要切实发挥作用，既要扶贫也要扶智，推动软弱涣散农村基层党组织尽快实现转化提升，着力夯实基层基础，打通联系服务农民群众的"最后一公里"。仅2016年一年，全国12.8万个贫困村派驻了第一书记和驻村工作队，对3000万建档立卡贫困户明确了帮扶责任人。

3. 坚持农村基层党组织领导核心地位的重要保证是壮大农村党员队伍，充分发挥党员的先锋模范作用。党员是党组织的细胞和基础，党员的质量关乎党组织的战斗力和凝聚力。农村党员人数众多、队伍庞大，如果抓不好、管不严，就会直接影响党在农民群众心目中的形象，直接影响农村基层党组织领导核心作用的发挥。坚持农村基层党组织领导核心地位必须增强农村党员队伍活力，充分发挥农村党员的先锋模范作用，巩固党在农村的群众基础。

一要分类指导，强化教育。针对目前农村党员从业形式、生活水平、思想状况上的差异，把党员分为管理型、务农型、务工型、业主型、失地型、流动型等不同类别，提出不同要求，实行分类管理：发挥业主型和种养殖大户党员"领富致富"作用；发挥村里退下来的老干部党员"矛盾协调"作用；发挥熟悉党的方针、政策及口头表达能力强的党员"政策宣传"作用；发挥热心肠、肯关心他人帮助他人、有一定经济基础的党员"扶贫济困"作用。要从严格农村基层党组织生活抓起，落实好"三会一课"、组织生活会、民主评议党员制度，把这些最基本的规矩执行好，使每名党员都处于党组织的严格管理、严格监督之下。

注重改进党员教育方式，针对农村特点，活化组织活动方式，推行主题党日、微型党课、党员活动日等做法，增强吸引力和实效性；积极运用现代信息技术，把"互联网+"引入农村党员教育管理，利用现代远程教育手段，开办网络党课、网上课堂，用好微博、微信、手机客户端等新载体，提高对农村党员教育管理的水平。

二要畅通进出渠道，改善党员结构层次。发展党员是给党组织不断注入新的血液，使党不断增强活力，也是加强党的建设的一项经常性工作。应立足于优化结构、增强活力、提高质量，制订和落实好农村发展党员计划，加强入党积极分子培养，对发展35岁以下党员实行计划倾斜，对两年以上不发展党员的村实行重点管理。注重将政治素质好、致富能力强、群众威望高的新型农民吸收到党的队伍中来，从而逐步改善农村党员队伍的年龄、文化结构，提高党员队伍的整体素质，有针对性地解决农村党员青黄不接的问题。同时，稳妥慎重地处置好不合格党员工作，畅通出口，保持农村党员队伍的先进性和纯洁性。

三要强化制度建设，建立长效机制。通过建立健全教育培训、参观学习等制度，建立多层次党员实用技术培训体系，加大培训力度，进一步增强党员的模范带头作用和带头致富、带领群众共同致富的责任感和紧迫感。充分发挥镇党校培训主阵地作用，增强党员理想信念、宗旨观念的先进性意识。实行"把优秀党员培养成致富能手，把优秀致富能手培养成党员干部"的"双培养"机制，形成实用、规范、科学的传帮带机制，使更多的优秀党员成为带领一方群众发展经济和致富奔小康的楷模，走"一户带一户、一户带一片"的共同致富新路子，同时使更多符合条件而出色的致富能手及时得到党的培养，为村级领导岗位更新换代创造条件、打好基础。

4.坚持农村基层党组织领导核心地位的根本价值追求在于扎实推进基层服务型党组织建设，多为农民群众办实事、办好事。党的十八大报告提出，要以服务群众、做群众工作为主要任务，加强基层服务型党组织建设。根深则叶茂，本固则枝荣。抓好基层服务型党组织建设，是我们党对执政规律的深刻认识和把握，是新时期完成党的执政使命的需要。农村基层党组织肩负着为广大农民群众服务的直接责任，必须始终牢记党的权力是人民赋予的，始终牢记权为民所用、情为民所系、利为民所谋，不断提高农村基层党组织的凝聚力和战斗力。农村工作千头万绪，群众需求千差万别，要坚持统筹兼顾、突出重点，从群众最现实、最关心、最迫切的愿望出发，切实转变工作作风，变领导为引导、变强令为示范、变要求为服务，不断创新工作方法和服务载体，多办顺民意、解民忧、惠民生的实事好事，为农民群众提供更全面、更均衡、更优质的服务。

一要强化服务意识，提升服务能力。当下，一些农村基层党组织软弱涣散、战斗力不强，主要原因在于部分党员干部缺乏共产党人的坚定信念，缺乏为人民服务的强烈意识，丢弃了群众路线这条党的生命线，使一些地方农村基层的干群关系变成"油水关系"甚至"水火关系"。农村基层党组织要从讲党性的高度出发，强化服务群众的意识，牢固树立群众第一的理念，在具体工作中把农民群众的呼声和关切作为第一信号，把群众的需求作为做好工作的原动力，始终坚持"让人民群众满意"这一根本标准，体察民情、了解民意，真正站在农民群众的立场上想其所想、急其所急，为农民群众诚心诚意办实事、尽心尽力解难事、坚持不懈做好事，努力为农村的富裕和农业发展给政策、给资金、给技术、给服务，为农民的增收出主意、想办法、找出路，不断提高为群众服务的水平和工作成效，形成党员干部和农民群众之间"鱼水情深""血肉相连""水乳交融"的密切联系。只有这样，基层党组织才能获得群众的支持，获得强大的生命力和持久的战斗力。

二要创新工作方法，确保服务成效。服务效果是建设服务型党组织的关键和归宿。农村基层党组织要坚持群众路线,密切干群关系,始终围绕农民群众多样化需求,立足实际、尽力而为。要增强民主意识和法律意识,建立顺畅有效的村级管理机制、决策机制和议事执行机制,善于广泛征求群众建议,集思广益,调和社会各利益群体,运用多种形式和手段开展服务,善于运用民主和法律的手段来处理矛盾和问题。做到切实把群众的事放在心上、抓在手上,更要落实在行动上,以确保服务成效,巩固基层执政基础,为农村基层建设和发展谋求强有力的群众基础。

三、加强基层组织建设与扶贫开发协调推进的有效途径

习近平强调,要把扶贫开发同基层组织建设有机结合起来,真正把基层党组织建设成带领群众脱贫致富的坚强战斗堡垒。他指出,要加强贫困村两委建设,深入推进抓党建促脱贫攻坚工作,选好配强村两委班子,培养农村致富带头人,促进乡村本土人才回流,打造一支"不走的扶贫工作队"。要充实一线扶贫工作队伍,发挥贫困村第一书记和驻村工作队作用,在实战中培养锻炼干部,打造一支能征善战的干部队伍。[①]啃下扶贫攻坚的"硬骨头",需要把农村基层组织建设与扶贫开发工作拧成一股绳,充分发挥基层党组织的一线指挥部作用和党员干部的先锋模范作用,牢牢把握农村基层组织建设服务精准扶贫的新方向,实现扶贫开发与基层组织建设双轮驱动,两者无缝对接,相互协调。加强农村基层组织建设有利于提高扶贫开发效果,促进扶贫资金效益最大化以及扶贫项目、扶贫资金的合理配置,有利于巩固农村基层组织建设成

[①] 《习近平在中共中央政治局第三十九次集体学习时强调 更好推进精准扶贫精准脱贫 确保如期实现脱贫攻坚目标》,《人民日报》2017年2月23日。

果，提高农村基层组织战斗力和凝聚力，使其真正成为精准扶贫的攻坚堡垒，在加强基层组织建设中实现农村基层组织建设与扶贫开发"双推进"，如期实现贫困农村在基层组织领导下早日脱贫致富。

（一）筑牢基层战斗堡垒，建强扶贫攻坚核心

要结合扶贫开发工作，着力把基层党组织建成推动发展、维护稳定的坚强战斗堡垒。推动精准扶贫，实现精准脱贫，筑牢基层战斗堡垒是基础。

1.科学设置基层组织，增强保障力。基层组织在扶贫攻坚中起着决策规划、组织实施、示范带动、督促落实的重要作用，健全农村基层组织体系，按照"创新组织设置、健全组织网络、理顺隶属关系、发挥组织作用"的要求，积极适应新形势下的经济发展、党员流向的变化，依托文化旅游、种植养殖、生产加工等，加强新经济组织、专业合作社、产业链条的党组织建设。比如，甘肃省贫困面大、贫困程度深，86个县市区中有58个贫困县、6220个贫困村、417万贫困人口。为做到小康路上"一个不掉队""一个不能少"，该省把党组织建在产业链上，探索"协会、支部建在产业链，党员、致富能人聚在产业链，产、销农民富在产业链"的"三链"建设，推进"支部+企业+贫困户""支部+产业大户+贫困户""支部+党员能人+贫困户"等模式，鼓励村级党组织领办创办专业合作社和各类产业协会，不断完善以村党组织为核心，产业基地、龙头企业、合作组织等为支撑，"一核多元"的精准扶贫组织体系，实现党的组织和党的工作全覆盖。[①] 加强软弱涣散基层党组织整顿和提档升级，全面提升农村基层党组织的政治和服务功

[①] 孟小龙：《筑牢组织体系建强三支队伍——甘肃抓实农村基层党建为精准扶贫脱贫添动力》，《中国组织人事报》2016年4月6日。

能,强化社会管理职能,增强基层党组织服务精准扶贫的能力,使其真正成为扶贫攻坚的战斗堡垒。

2. 强化民主管理,增强向心力。发挥人民群众的主体作用,进一步健全村级民主管理、民主协商制度,深入推进"一会两票"工作机制,有效甄别扶贫对象,可行论证扶贫项目,精准设置扶贫方法。完善以村务监督为重点的乡村治理机制,坚持并落实以"四议两公开"的"4+2"工作法、"一事一议"等工作制度决策农村建设和发展过程中的重大事项,设立公示栏和政策"明白墙",定期公开党务、村务、财务,接受群众监督,健全完善听取民意、集中民智、凝聚共识的民主决策机制、民主监督机制。在民主决策、民主管理中,凝聚广大农民群众智慧和力量,不断增强农村基层党组织的公信力和向心力,充分发挥基层党组织在扶贫开发中组织群众、动员群众的作用,使基层党组织真正成为贫困农村稳定、发展的领导核心和推动精准扶贫的一线指挥部。

3. 加强主力建设,增强服务力。提高农村党员队伍的"党员干部带头致富,带领群众共同致富"的"双带"能力,发挥党员在扶贫开发中的先锋模范作用。要严把党员入口,制订落实好农村发展党员计划,注重从返乡毕业生、退伍军人、农民工、营销能手、致富能手、经济能人群体中发展党员。在基层干部的选拔上,要多层面、多渠道地拓宽选人用人的视野,重点从党性观念强、思想进步、有一定组织领导能力、热心村内事务的人中物色人选,加紧将更多的基层党员培养成农村致富带头人,把更多的农村致富带头人培养成党员,把优秀基层党员培养成农村基层干部,加强以党员队伍为骨干的精准扶贫主力军建设,把政治素质强、致富能力强"双强型"党员纳入村级后备干部队伍,造就一批带领群众脱贫致富的领军人物。要严格党员教育管理,积极稳妥处置不合格党员,让党的纪律严起来;要加强对党员农村政策、科技知识、法律法规、实用技术的培训,增强党员带头致富和带领群众致富的本领；要关爱党员，在党员带领群众致富贷款等方面向有发展愿望与带头能力的党员倾斜，为党员"双带"提供条件；要搭建平台，划分党员民情责任区，发挥农村党员在带头致富、调解邻里纠纷、协助畅通民意等方面的作用，进一步增强基层党组织的生机与活力。

（二）做精准扶贫先锋，当好扶贫攻坚引路人

发展是硬道理，找准自身定位，加快发展，是贫困农村脱贫致富的首要任务。农村基层组织要做精准扶贫的先锋，在思想上先行一步，发展上先干一步，把基层组织工作的重心放在找贫根、寻困源上，激发困难群众的致富愿望，帮助群众寻求加快发展的新路，做群众脱贫致富的引路人。

1. 思想上要引领。农村基层组织要积极向贫困农户宣传党和政府有关扶贫的政策措施，教育和引导农民群众克服等、靠、要的依赖心理，树立主体地位观念，在思想上充分激发困难群众的致富愿望，鼓励群众依靠惠民政策和富民产业自力更生、科学致富。

2. 帮扶上做表率。深入实施带头富和带领富的"双带"工程，激励党员干部在发展种养项目、农特产品开发上下功夫，依靠科技大力发展农业产业、兴办工业企业，成为致富的"领头羊"，以产业发展和创业致富的生动实践，增强困难群众摆脱贫困的决心和信心。积极采取拓展产业基地、兴办合作社、组建产业协会等形式，带动贫困农户发展产业、入股合作社、参加产业协会。通过项目带动、生产帮助、资金扶持等方式，带领贫困农户搭上致富快车。充分发挥党员干部模范带头作用，激励他们主动与贫困农户结成帮扶对子，上门化解生活生产难题，传授科学技术，提供致富信息，实施精准服务，推动精准脱贫，实现共同致富。

3. 发展上做示范。基层组织要结合村情实际，找准致富产业，招引龙头企业，发展支柱产业，形成"一村一品""多村一品"的产业发展格局，做产业发展的先行者。要立足自然资源，盘活发展资源，在优化利用、扩大效益上下功夫，积极发展壮大村级集体经济，用集体经济示范效益辐射和带动贫困农户创业创富。要完善基础设施建设，加大交通、电力、通信、农田水利等基础设施建设力度，改善群众生活生产条件，为群众发展致富创造良好的外围环境。

（三）彻底拔掉穷根，激活扶贫攻坚源头

打赢扶贫攻坚战非一日一时之功，精准扶贫、精准脱贫是各级党组织的政治责任。农村基层组织要真抓实干，拔掉穷根，广开源头，帮助贫困农民找到致富路子、找准致富方法、掌握致富技术，增强自我发展的造血能力，使贫困农户彻底摆脱贫困，实现全面小康。2013年以来，云南在全省16个州市、113个县（市、区）实施扶贫开发与基层党建整乡"双推进"工作，改变以往"下毛毛雨"和"撒胡椒面"方式，整合项目资金3亿多元，集中用于发展股份合作经济，共实施村级股份合作项目1600多个，有集体经济的行政村达450多个、村民小组达760多个。在116个乡镇形成了高效的基层党组织扶贫体系架构，贫困地区农民人均可支配收入提高至6314元。楚雄州是典型的集"边远、民族、贫困、山区"于一体的少数民族自治州，借助"双推进"，各村级党支部瞄准比较优势，因地制宜发展烟草、冬桃、核桃、花椒、黑山羊养殖等特色产业；红河哈尼族彝族自治州元阳县攀枝花乡，在"双推进"过程中8个贫困村的旅游优势资源开始变现，乡村特色游成为促进当地农民增收的支柱之一。一批符合当地实际的优势特色产业在云岭大地风生水起，以强基层推动富百姓，展示了新时期扶贫开发的鲜活样本。①

1. 发挥组织优势"精准滴灌"。紧紧围绕习近平"六个精准"的要求和"精准扶贫，不落一人"的目标，做到精准识别、精准安排、精准落实、精准帮扶。要充分发挥农村基层组织的优势，推行各级党政领导班子成员直接联系贫困村、贫困户机制，团结、发动、依靠群众，充分调动群众的积极性；整合社会力量，引导社会资金、项目、企业进村，开发农村资源，带动群众致富；整合惠农政策，形成强大的政策牵引力，做到群众主力、社会合力、政府推力三箭齐发，直击贫困病灶，因户施策，精准发力。

2. 多种帮扶模式"开源造血"。农村基层组织要因地制宜，拓宽发展思路，采取多种扶贫开发形式，大力实施特色产业扶持、生态扶贫搬迁、连片开发配套、劳动技能培训、社会保障兜底等精准扶贫工程，增强自身造血功能，提高自我脱困能力。坚持支部引路、党员带路、产业铺路，大力推行"龙头企业 + 基地 + 农户""合作社 + 农户""产业协会 + 农户"等多种模式，带领贫困农户抱团发展，整体脱贫。引导农户发展农村电商、微商等新的经济形式，让特色农产品对接大市场，拉动农特产品增值。

3. 机制保障问责问效。坚持以严格考核为保障，充分使用考核这个指挥棒，将精准扶贫工作纳入年度考核，确保精准扶贫各项任务全面落实。激活扶贫攻坚源头要深入推行责任传导、考核评估、奖惩问责、约束监督、政策审核、社会联动等工作机制。基层党组织要立下扶贫攻坚军令状，贫困农户不脱贫，包联的单位和党员干部要问责，确保限期脱贫。

---

① 罗旭、唐园结、宁启文：《让党徽闪耀在扶贫一线——云南扶贫开发与基层党建"双推进"工作综述》，《光明日报》2015年8月2日。

（四）壮大村集体经济，夯实扶贫攻坚的根基

扶贫攻坚，难点焦点在农村，而集体经济是农村经济的重要组成部分，是村级财力的主要来源和村级基层组织发挥职能的物质基础，也是实现农民增收致富的现实需要，集体经济越是薄弱的村庄，贫困人口相对也越多，这已是不争的事实。以浙江台州为例，数据显示，台州市村级集体经济总收入为42.78亿元，占GDP的1.2%。该市4737个行政村中，集体经济年收入1000万元以上的有62个，500万元以上的有126个，100万元以上的有684个。5万元以下或零收入的有1152个，占总数的24%，贫困农户大多集中在这24%的村里。[1]发展和壮大农村集体经济是加强农村基层建设、提高和巩固农村党组织核心领导地位的物质基础。20多年前，习近平在宁德工作时所写的文章《扶贫要注意增强乡村两级集体经济实力》中提及："有的同志说，只要农民脱贫了，集体穷一些没有关系。我们说，不对！不是没有关系，而是关系重大。"[2]他敏锐观察到发展壮大村级集体经济对脱贫致富的重要作用，指出发展集体经济是实现共同富裕的重要保证，是振兴贫困地区农业发展的必由之路，是促进农村商品经济发展的推动力。当前，正处于全面建成小康社会关键之时，贫困农村基层组织迫切需要大力培育富民产业造血，因地制宜地壮大村集体经济，实现村级组织强、集体经济富的双赢目标。

1. 充分利用资源，盘活扩大村级集体资产。盘活扩大村级集体资产是农村实现脱贫攻坚的重要举措，是实现村级集体经济长效增收和贫困农户持续增收的关键途径。当前农村土地确权工作正在全面推进，

---

[1] 徐军：《壮大村级集体经济打好精准扶贫攻坚战》，《中国改革报》2016年3月16日。
[2] 习近平：《摆脱贫困》，福州：福建人民出版社2014年版，第193页。

一些村土地确权后，实测增加的耕地，应在依法依规的前提下，通过村民民主决议，明确村集体权属，并与村级债务剥离，作为村集体收入的资产。要利用村级集体闲置资产招标承包、出租经营，发展村级创业点。积极开展村庄土地复垦、河塘整治，开发村庄荒山、荒滩、荒坡、荒水，扩大集体土地、水面等资源性资产。

2. 拓宽增收渠道，提升集体资产保值增值能力。注重运用市场思维、经营理念，将村集体资产通过合作经营、股份经营、租赁经营等方式，逐年增加集体收入。在不改变资金使用性质的前提下，把投入农村的财政资金、扶贫资金量化为村集体或贫困群众持有的股金，开展多种形式的股份合作，发挥集体统一经营的优越性，通过股权收益帮助贫困群众实现增收，不断增强"造血"机能。比如，地处贵州省西部乌蒙腹地的六盘水市2013年集体经济"空壳村"占比高达53.8%，集体收入的匮乏，使得基层党组织难以提供有效的公共服务和公共产品，脱贫攻坚受到严重制约。2014年以来，共整合财政资金4.51亿元，撬动村级集体资金1.21亿元、农民分散资金2.94亿元、社会资金39.4亿元，集中投入经营主体，带动贫困群众脱贫致富。对缺乏资源优势、没有产业支撑的贫困村、贫困户，积极探索以村集体为单位，异地购置兴建商铺、停车场、农贸市场等36处，通过物业租赁或集体经营的方式，帮助64个村、3700户贫困群众找到稳定的收入来源。2014年，全市共消除"空壳村"157个，村集体经济积累达10958万元，比2013年增加2477万元，增长22.6%；"空壳村"占比从2013年的53.8%下降到38.4%。

3. 因地制宜，扶持村级集体经济发展。要把产业布局和村级集体经济发展结合起来，细化扶持政策，完善配套措施，建立村级集体项目建设的审批绿色通道，出台经济强村扶持薄弱村发展的激励机制和优惠政策。在产业相近、地域相邻、资源互补的村集中组建联村党委，推动资源整合、要素重组、抱团发展,激活集体经济发展活力。按照生态产业化、产业生态化的思路,根据各村经济基础等实际,发挥优势、挖掘潜力,因地制宜地发展绿色产业,把资源优势切实转化为产业优势,不断增强村级集体经济实力。在农村专业合作社基础上推行个体经济和集体经济捆绑式经营模式,以农村青年、返乡农民工的创业个体为技术力量,充分发挥他们的技术特长,在资金和管理方面以村级管理为主体,在把握整个集体经济的前提下,帮扶项目申报、提供政策扶持、协调市场营销,既提供组织保障,又降低经营风险。贵州六盘水市盘县普古乡舍烹村曾是一个封闭、落后的穷村,2012年以来,在农民企业家陶正学的带领下,成立了普古银湖种植养殖农民专业合作社,通过土地入股、流转倒包、合作入股、资金整合等形式,大力发展猕猴桃、蓝莓、刺梨等产业和现代高效农业,带动周边8个村2327户7725人入股,把每亩产值从过去的300元提高到5万元左右,解决了650个贫困人口的就业,2014年农民人均收入从上年的7760元提高到11260元,演绎了穷村到富村的嬗变。①

---

① 万秀斌、汪志球、郝迎灿:《贵州六盘水着力提高农村经济规模化、组织化、市场化程度 活了农业 乐了农民》,《人民日报》2015年12月21日。

第六章
强化社会合力：摆脱贫困奔小康的基本保障

摆脱贫困奔向小康，是中国特色社会主义事业的重要内容与阶段性目标，关系人民福祉、关乎民族未来，是事关中华民族伟大复兴中国梦的大事。习近平同志指出，党的十八大以来，党中央把贫困人口脱贫作为全面建成小康社会的底线任务和标志性指标，在全国范围全面打响了脱贫攻坚战。①当前立足于新的时代条件，脱贫攻坚工作正紧锣密鼓地展开着，并进入了攻城拔寨的关键时期。党的十九大报告指出，坚持精准扶贫、精准脱贫，同时强调动员全党全国全社会力量，坚持大扶贫格局。要想在2020年实现全体人民共赴小康的宏伟目标，需要我们以精准扶贫为基本方略，坚持统筹兼顾方针，积极调动社会各界投身其中，凝聚扶贫攻坚的强大合力；同时，在具体操作层面，要善于发挥制度优势，利用体制机制创新、先进网络技术平台，构建包括行业扶贫、专项扶贫、社会扶贫有机结合、互为支撑的三位一体的大扶贫格局。

---

① 《习近平在深度贫困地区脱贫攻坚座谈会上强调　强化支撑体系加大政策倾斜　聚焦精准发力攻克坚中之坚》，《人民日报》2017年6月25日。

一、汇聚社会各方力量参与脱贫攻坚的必要性

脱贫攻坚是全面建成小康社会的刚性任务和关键工程，更是一项功在当代、泽被后世的崇高事业。习近平在中央扶贫开发工作会议上指出，脱贫致富不仅仅是贫困地区的事，也是全社会的事。要更加广泛、更加有效地动员和凝聚各方面力量。当前，脱贫攻坚已进入攻坚拔寨的冲刺阶段，要让"最后一群人"脱贫出列，实现全面小康，就要进一步凝聚各方合力，整合各方资源，推动形成饮水思源、富而帮困的强大力量，营造支持扶贫、参与扶贫的浓厚氛围，构建多点发力、多方参与的多位一体大扶贫格局，举全社会之力打赢扶贫攻坚战。正如习近平2017年6月23日在太原主持召开深度贫困地区脱贫攻坚座谈会时指出的，脱贫攻坚工作进入目前阶段，要重点研究解决深度贫困问题。深度贫困地区脱贫攻坚是"硬仗中的硬仗"，也是"必须完成的任务"，要通过各种举措，形成支持深度贫困地区脱贫攻坚的强大投入合力。①

（一）符合新时期深化扶贫开发工作的要求

众所周知，自中国共产党成立以来，始终关心广大人民群众的疾苦，在长期的实践过程中，党依据马克思主义的群众史观，创造性地提出了群众路线并将之作为我党战胜敌人、克服困难的三大"法宝"之一。新中国成立后，党中央始终把人民利益放在第一位，时刻关注广大人民群众尤其是贫困农民的疾苦，致力于解决他们的温饱问题。但是由

---

① 《习近平在深度贫困地区脱贫攻坚座谈会上强调　强化支撑体系加大政策倾斜　聚焦精准发力攻克坚中之坚》，《人民日报》2017年6月25日。

于受种种因素制约,长期以来农村地区发展仍然相对滞后,贫困人口数量甚多,1978 年我国贫困人口高达 2.5 亿人,占农村总人口的三成左右。党和政府高度重视民生问题,为使广大群众早日摆脱贫困实现共同富裕,党中央先后于 1994 年和 2001 年制定并实施了《国家八七扶贫攻坚计划(1994—2000 年)》和《中国农村扶贫开发纲要(2001—2010 年)》。经过近 40 年的努力,逐步探索出一条具有中国特色的扶贫开发道路,扶贫事业取得了令世人瞩目的成就。主要表现在农村贫困人口数量大幅减少,居民收入水平持续增长,贫困地区基础设施得到不断改善,各项社会事业不断进步,尤其是随着最低生活保障等制度的建立与实施,众多居民的生存和温饱问题得到基本解决。扶贫开发事业的突飞猛进,为促进我国经济发展、政治稳定、民族团结、边疆巩固、社会和谐发挥了重要作用,为推动全球减贫事业发展做出了重大贡献。

但是,党和国家也清醒地认识到扶贫开发任务的艰巨性与长期性。2012 年习近平在河北视察指导扶贫工作时强调指出:"全面建成小康社会,最艰巨最繁重的任务在农村特别是在贫困地区。没有农村的小康特别是没有贫困地区的小康,就没有全面建成小康社会。"① 造成这种状况的原因是多方面的。首先,由于我国作为全世界人口最多的发展中国家,目前仍然处于并将长期处于社会主义初级阶段,东西部地区发展不平衡问题比较突出,地区发展的深层次矛盾依然存在。其次,我国人口基数太大、扶贫对象规模巨大,相对贫困问题日益凸显,贫困地区特别是集中连片特殊困难地区发展又相对滞后,因此返贫现象时有发生。从这个意义上说,我国扶贫开发形势已经发生了重大变化,开始面对中等收入国家扶贫的系列挑战,我们的扶贫开发任务艰巨而

---

① 习近平:《党的群众路线教育实践活动学习文件选编》,北京:党建读物出版社 2013 年版,第 54 页。

紧迫。

为了适应新的扶贫开发形势，中共中央、国务院于2011年年底制定并颁布了《中国农村扶贫开发纲要（2011—2020年）》，纲要明确提出，我国扶贫开发已经从以解决温饱问题为主要任务的阶段转入巩固温饱成果、加快脱贫致富、改善生态环境、提高发展能力、缩小发展差距的新阶段，并指出，未来十年农村扶贫开发工作目标是到2020年稳定实现扶贫对象不愁吃、不愁穿，保障其义务教育、基本医疗和住房。[①]表明我国扶贫工作从过去相对狭义的开发性扶贫进入到相对广泛的大扶贫领域。2015年11月27—28日，中央扶贫开发工作会议召开，习近平强调指出，消除贫困、改善民生、逐步实现共同富裕，是社会主义的本质要求，是我们党的重要使命。全面建成小康社会，是我们对全国人民的庄严承诺。脱贫攻坚战的冲锋号已经吹响。我们要立下愚公移山志，咬定目标、苦干实干，坚决打赢脱贫攻坚战，确保到2020年所有贫困地区和贫困人口一道迈入全面小康社会。[②]贫困人口要全部脱贫，贫困县要全部摘帽，时间十分紧迫，任务异常严峻，要求我们"必须以更大的决心、更明确的思路、更精准的举措、超常规的力度，众志成城实现脱贫攻坚目标，决不能落下一个贫困地区、一个贫困群众"[③]。为确保脱贫攻坚目标的顺利实现，各级党委、政府要立足本地区实际，集思广益，着力解决"谁来帮扶"的问题，健全扶贫队伍，努力构建集聚各方智慧和力量齐抓共管帮扶的大格局。

[①] 《中国农村扶贫开发纲要（2011—2020）》，北京：人民出版社2011年版。

[②] 习近平：《脱贫攻坚战冲锋号已经吹响　全党全国咬定目标苦干实干》，《人民日报》2015年11月29日。

[③] 习近平：《脱贫攻坚战冲锋号已经吹响　全党全国咬定目标苦干实干》，《人民日报》2015年11月29日。

（二）有利于开创扶贫开发的新局面

贫困是人类面临的严峻挑战之一，消除贫困是全社会的共同责任。如果仅凭政府力量是很难如期完成中央提出的在 2020 年实现全体人民共同奔小康的宏伟目标。扶贫攻坚任务的完成需要全社会共同参与，积极为贫困地区摆脱贫困奔小康出谋划策、群策群力，共同营造扶贫济困的社会氛围。

2015 年 6 月，习近平在贵州召开部分省区市党委主要负责同志座谈会上指出："扶贫开发是全党全社会的共同责任，要动员和凝聚全社会力量广泛参与。要坚持专项扶贫、行业扶贫、社会扶贫等多方力量、多种举措有机结合和互为支撑的'三位一体'大扶贫格局，健全东西部协作、党政机关定点扶贫机制，广泛调动社会各界参与扶贫开发积极性。要加大中央和省级财政扶贫投入，坚持政府投入在扶贫开发中的主体和主导作用，增加金融资金对扶贫开发的投放，吸引社会资金参与扶贫开发。要积极开辟扶贫开发新的资金渠道，多渠道增加扶贫开发资金。"[①]

具体说来，相对于政府扶贫，社会扶贫具有目标具体、方法灵活、资源广泛、形式多样等特点，具有许多政府扶贫所不可替代的优势，它是扶贫开发工作系统中必不可少的一支重要力量。首先，社会扶贫目标更为具体。不同于政府专职部门的扶贫，政府扶贫更多地强调实现同贫困个体密切相关的扶贫目标，社会扶贫则更多地体现在针对区域经济和社会发展的各个具体层面。其次，社会扶贫方法形式鲜活生动，善于创新。相比政府扶贫，社会扶贫具有更强烈的创新冲动，具

[①] 习近平：《谋划好"十三五"时期扶贫开发工作　确保农村贫困人口到 2020 年如期脱贫》，《人民日报》2015 年 6 月 20 日。

备更强劲的创新能力,更善于在扶贫的方式上引进新观念、新方法、新模式。例如,近年来兴起的社会扶贫的新项目像小额信贷、边区支教、希望工程、光彩事业、文化扶贫、扶贫拉力计划、贫困女生资助项目、春蕾计划、博爱工程、幸福工程、农业科技示范入户工程等适应了不同群体、不同地区的贫困人口的脱困需求,产生了良好的社会效果,是社会扶贫方式的创新成果与表现。再次,社会扶贫资源的来源更加广泛,可以通过各种渠道、各个行业、各个地区获得扶贫济困的资源;既能争取到实实在在的资金和物资投入,也能获得科技、信息、教育等服务的支持。

发动社会力量共同参与扶贫济困有深远的意义,它不仅解决了贫困地区基础设施滞后问题,有力改善了贫困群众的生产生活条件,增强了发展后劲,而且弘扬了"扶贫济困、乐善好施"的优良传统,培育和践行社会主义核心价值观,传递了广行善举、共创和谐的正能量,使"消除贫困,实现共同富裕"的理念深入人心,得到全社会的广泛认同。2014年,我国将每年的10月17日设立为国家"扶贫日"。在第一个扶贫日到来之际,国务院专门召开社会扶贫工作会议,第一次表彰社会扶贫先进集体和先进个人,并出台了第一个社会扶贫方面的专门文件。由此可见,党和政府对扶贫开发特别是社会扶贫工作寄予厚望,希望通过创新社会扶贫工作形式,激励更多的企业与个人加入扶贫济困的队伍中;同时也希望这种创新能对弘扬中华民族扶贫济困的传统美德,培育和践行社会主义核心价值观,动员社会各方面力量共同向贫困宣战,继续打好扶贫攻坚战,发挥潜移默化的作用。从这个意义上说,社会扶贫还具有明显的中华民族文化特征和社会主义特征,开创了新时期扶贫济困工作新局面。

二、构建"三位一体"的大扶贫格局

当前,扶贫开发工作依然面临十分艰巨而繁重的任务。要打赢脱贫攻坚战,必须切实发挥制度优势,构建"三位一体"的大扶贫格局,坚持专项扶贫、行业扶贫、社会扶贫等多方力量、多种举措有机结合、互为支撑。

(一)专项扶贫

专项扶贫是指国家安排专门投入、各级扶贫部门组织实施,通过既定项目,直接帮助贫困乡村和贫困人口,包括易地扶贫搬迁、整村推进、就业促进、产业扶贫、以工代赈、扶贫试点等。

1. 易地扶贫搬迁。对居住在生存条件恶劣、自然资源贫乏地区的贫困人口实行易地扶贫搬迁,这是扶贫开发的首要工作,只有完成易地扶贫搬迁,基础设施建设、整合资源、发展产业等扶贫工作才能得以开展。实施易地扶贫搬迁是改善贫困人口生产生存环境和发展条件的重要途径,应坚持群众自愿的原则,充分考虑资源条件,因地制宜,有序搬迁,有条件的地方还应引导贫困人口向中小城镇、工业园区移民,以创造就业机会,提高就业能力。以福建省为例,"十二五"时期,福建省稳步推进造福工程,陆续出台《加快实施"造福工程"的若干意见》《福建省人民政府关于加快推进"十二五"时期"造福工程"的指导意见》等重要文件,将易地扶贫搬迁工作与新型城镇化建设相结合,对居住在"一方水土养不起一方人"地方的建档立卡贫困人口实施易地搬迁;同时,加大政府投入力度,创新投融资模式和组织方式,完善相关后续扶持政策,强化搬迁成效监督考核,力求帮助更多贫困人口从根本上解决生计问题。造福工程已成为福建省扶贫开发工作的标志性工程。"十三五"时期,福建省继续加大易地扶贫搬迁工作力度,力争在2018年实现30户以下偏僻自然村近50万人的扶贫搬迁。

2. 整村推进。整村推进是专项扶贫工作的重要环节。实行整村推进应结合社会主义新农村建设,自下而上制定规划并分期分批实施,发展特色支柱产业,改善生产生活条件,增加集体经济收入,提高自我发展能力。以县为平台,统筹各类涉农资金和社会帮扶资源,集中投入;实施水、电、路、气、房和环境改善"六到农家"工程,建设公益设施较为完善的农村社区;加强整村推进后续管理,健全新型社区管理和服务体制,巩固提高扶贫开发成果。为促进贫困地区经济社会全面发展,2004年福建省采取"部门挂钩,资金捆绑,干部驻村"的办法,通过捆绑16个省直部门和中央驻闽单位资金,实施扶贫开发。至2012年,福建省在第三轮整村推进扶贫开发工作中,125个省直单位下派干部挂钩220个省级扶贫开发重点村,筹措资金4.9亿元,输送2571个发展项目,取得明显成效:220个省派驻点村新增土地整理面积2.39万亩,新增经济作物面积1.54万亩,新增林竹面积6.83万亩,建立农村创业致富基地205个,广大贫困村的发展活力得到显著增强。

3. 就业促进。就业促进是激发贫困人口脱贫内生动力的重要内容,是精准扶贫、精准脱贫的重要措施之一。加强就业促进应以促进扶贫对象稳定就业为核心,着力培育"造血"机能,通过开展就业技能培训、举办专场招聘、主动对接岗位、开展创业指导、开发公益性岗位安置、帮扶高校贫困毕业生就业等方式,切实解决贫困人口的就业问题,实现就业脱贫。2015年,福建省龙岩市在全市各县、区开展"雨露计划",邀请多名专业技术人员巡回讲课,针对贫困村农户发展的实际需要,按照农民需要学什么就培训什么的原则,分别选择果树、水稻、地瓜、蔬菜、铁皮石斛、金线莲、紫菜、百香果、葡萄等栽培技术,高山蔬菜种植技术,水产养殖技术,以及蔬菜病虫害防治技术等进行培训。截至 2015 年年底,共培训 10376 人。通过"雨露计划"培训项目,贫困群众不仅获得了资金补助,提高了科技文化素质,而且掌握了专业技术技能知识,增强了致富能力,加快了脱贫致富步伐。重庆市积极探索劳务协作,通过举办"春风行动""民营企业招聘周""农民工日招聘会"等活动,重点在贫困乡镇、行政村组织专场招聘,搭建农村贫困人员与用人单位的对接平台,同时积极发挥市和区县人力资源服务公司、社会劳务中介和农村劳务经纪人的作用,组建人力资源服务联盟,实行用工需求及时发布、人员招募高效对接,引导农村劳动力特别是贫困人员梯度转移。目前,联盟成员企业已从 2015 年年初的 114 家扩大到近 1000 家,2015 年新转移农村劳动力就业 18.3 万人,其中贫困人员 7.5 万人,促进了转移就业脱贫。①

4. 产业扶贫。产业是发展的根基,也是脱贫的主要依托,没有产业支撑的脱贫致富,是无源之水、无本之木,是不可持续的。时任国务院副总理、国务院扶贫开发领导小组组长汪洋在 2016 年全国产业扶贫电视电话会议上强调,要坚持精准扶贫、精准脱贫基本方略,紧紧围绕贫困人口脱贫目标,培育和发展特色优势产业,在"十三五"期间,要通过产业扶贫,实现 3000 万以上农村贫困人口脱贫。推进产业扶贫,要坚持市场导向,遵循市场和产业发展规律,因地制宜合理确定产业发展方向、重点和规模,提高产业发展的持续性和有效性。要将产业发展与建档立卡贫困人口的脱贫衔接起来,通过股份制、股份合作制、土地托管、订单帮扶等多种形式,建立贫困户与产业发展主体间利益联结机制,让贫困人口分享产业发展收益。②湖南省炎陵县,地处罗霄山脉集中连片特困地区,在这片 2000 多平方公里、20 多万人口的革命

---

① 杨光:《重庆市促进贫困人口有序转移逐步实现就业脱贫》,http://www.cpad.gov.cn/art/2016/4/5/art_5_47902.html,2016 年 4 月 5 日。

② 汪洋:《推进产业扶贫加快脱贫步伐》,《人民日报》2016 年 5 月 24 日。

老区，县委、县政府着力化劣势为优势，因地制宜发展产业，特色农业、文化旅游、生态工业持续发力，不仅提升了对经济发展贡献率，同时也成为脱贫攻坚的主战场。首先，"认清自己"、选准产业。该县人均耕地少，高山地区耕地碎片化，大规模的粮食种植和养殖产业成不了气候。政府引导当地发展特色农业，走精细化管理之路。以口感独特的炎陵黄桃为突破口，全县黄桃种植面积2.1万亩，投产面积5200亩，2015年总产量为3645吨，总产值过亿元，不少种植户依靠种植黄桃摘掉了贫困的帽子，全县6017人实现稳定脱贫。以黄桃为代表的水果、茶叶、蔬菜、白鹅、楠竹等"一带八基地"特色农业发展，在炎陵风生水起。其次，全力改善基础设施，抓住产业扶贫的关键。炎陵县投资6.34亿元修建旅游环线，途经7个乡镇，惠及全县将近一半的人口，改善了沿线群众的生产生活条件，带动了沿线的产业发展，促进了农民脱贫致富。向来"养在深闺人未识"的梨树洲村，由于通电、通公路，游客争相前往，欣赏南方铁杉、冰臼群等独特景观，村里30多户家家开起了农家乐，曾经的贫困村旧貌换新颜。再次，组建农业合作社，培育扶贫龙头力量。炎陵县黄桃协会所属15家合作社带动当地整乡整村脱贫，神农生态茶叶共带动541户贫困户种植茶叶，金紫峰粮油公司吸收124户贫困户参与经营。截至2015年年底，政府引导组建在工商登记注册的合作社有238家，注册资本2.05亿元，合作社成员3840人，带动农户13120户。①

5. 以工代赈。以工代赈是从20世纪80年代开始实施的一项农村扶贫政策，重点用于与贫困地区经济发展和农民脱贫致富相关的农村小型基础设施建设，主要包括县乡村公路、农田水利、人畜饮水、基本农田、草场建设、小流域治理、片区综合开发等。当前，在紧迫的

---

① 侯琳良：《产业扶贫，如何真正落地？》，《人民日报》2016年2月14日。

扶贫任务中，党和政府更要大力实施以工代赈，有效改善贫困地区耕地（草场）质量，稳步增加有效灌溉面积；加强乡村（组）道路和人畜饮水工程建设，开展水土保持、小流域治理和片区综合开发，增强抵御自然灾害能力，夯实发展基础。"十二五"期间，福建省安排资金10亿元，用于长汀、武平、宁化等22个原中央苏区县和4个原国定贫困县重点实施一批基本农田建设、小型农田水利乡村道路建设，兼顾实施一批小流域综合治理、人畜饮水和片区综合治理工程。通过加快建设农村路网，全面实现建制村和较大自然村通硬化公路，加快农村饮水安全工程建设，促进农村群众生产、出行和货物运输条件进一步改善；通过扶持建设一批农田水利设施，加强中低产田改造和基本农田建设，推动农村特色经济发展壮大和农民大幅增收；通过积极推进小流域综合治理和片区综合治理工程，促使农村生态环境质量和环境卫生条件得到较大改善，实现欠发达地区农村发展条件的显著改善。

6. 扶贫试点。中国幅员辽阔，各地区的情况各不相同。因此，在扶贫开发工作中应不断创新扶贫开发机制，针对特殊情况和问题，积极开展边境地区扶贫、地方病防治与扶贫开发结合、灾后恢复重建以及其他特困区域和群体扶贫试点，扩大互助资金、连片开发、彩票公益金扶贫、科技扶贫等试点，在一些特殊类型的困难地区开展符合当地特点的扶贫开发工作。比如，在广西壮族自治区的东兰县、巴马县、凤山县，集中力量开展了解决基础设施建设的大会战；在四川省阿坝藏族羌族自治州，开展了扶贫开发与综合防治大骨节病相结合的试点；在贵州省晴隆县开展了石漠化地区的扶贫开发与生态环境建设相结合的试点；在新疆维吾尔自治区的阿合奇县开展了边境扶贫的试点；对云南省的布朗族及瑶族山瑶支系开展全面扶贫；在汶川、玉树地震灾区，把贫困地区的防灾减灾与灾后恢复重建有机结合，全面推进灾后恢复重建。通过这些试点，为因地制宜做好扶贫开发工作探索了道路，积累了经验。

（二）行业扶贫

行业扶贫主要指各行业部门履行行业管理职能，支持贫困地区和贫困人口发展的政策和项目，承担着改善贫困地区发展环境、提高贫困人口发展能力的任务，包括明确部门职责、发展特色产业、开展科技扶贫、完善基础设施、发展教育文化事业、完善社会保障制度、重视能源和生态环境建设等。

1. 明确部门职责。明确部门职责是行业扶贫的首要内容。在开展行业扶贫的过程中，各行业部门要把改善贫困地区发展环境和条件作为本行业发展规划的重要内容，在资金、项目等方面向贫困地区倾斜，并完成本行业国家确定的扶贫任务。然而，在扶贫开发的实践中，具体扶贫开发工作涉及"农林牧副渔，工农商学兵"等各行各业，扶贫项目涉及产业、基础设施、社会发展等各个领域，由此导致了扶贫工作往往与交通、水务、农业等涉农部门职能工作内容重叠，扶贫项目申报、资金管理与财政、发改等部门职责划分不明。这种种问题要求开展行业扶贫工作首先必须明确部门职责。革命老区福建省将乐县为了进一步解决县扶贫开发工作中各有关部门职责混乱、工作重叠的问题，不仅制定了《精准扶贫"348"工作机制》《精准扶贫管理工作职责》《精准扶贫目标任务》《帮扶贫困户十项具体形式》等，明确各有关部门的职责，而且完善了各项的专项资金、扶贫基金的管理办法，成立扶贫小额贷款担保基金，指定专人负责各项工作的具体业务和档案管理、扶贫情况上报、脱贫验收、审核工作。通过明确部门职责，将乐县各部门、单位逐渐形成了一股相互配合、共同努力的扶贫开发合力。

2. 发展特色产业。特色产业办得好，可以起到引领贫困地区经济发展的作用。在发展特色产业的过程中，应加强农、林、牧、渔产业指导，发展各类专业合作组织，完善农村社会化服务体系。围绕主导产品、名牌产品、优势产品，大力扶持建设各类批发市场和边贸市场。按照全国主体功能区规划，合理开发当地资源，积极发展新兴产业，承接产业转移，调整产业结构，增强贫困地区发展内生动力。地处福建省龙岩市新罗区西北部的江山镇通过创建江山模式，发展特色产业，努力打造品牌优势，谋求发展的内生动力。该镇总面积248.5平方公里，下辖16个行政村、67个自然村，拥有耕地1.44万亩、林地37万亩，森林覆盖率达85.49%。全镇共有贫困户297户。在脱贫攻坚战中，江山镇充分利用地缘及资源优势，发展特色产业，打造"三大品牌"，创建独具特色的江山模式。第一，充分利用其多林、高山的特点，做大农业品牌。江山镇开展斜背茶"茶王"大赛，成立斜背茶专业合作社，打造江山斜背茶品牌。同时，推进高山反季节蔬菜的传统农业产业，重点扶持牛樟芝、铁皮石斛、金线莲等中草药产业发展，发展百香果、树葡萄、大花蕙兰等花、果观光产业，建设一批新型示范性家庭农场，打造瓜果飘香的后花园、旅游观光的产业带。第二，凭借自然人文景观丰富的优势，做强旅游经济。江山镇在完善石福公景区管理体制、基础设施的基础上，力争将石福公景区打造成国家4A级景区，并以石福公景区为核心，带动周边石山园景区、睡美人景区、高海拔自驾游带等重点旅游项目的发展。第三，突出革命老区和历史古镇的特点，做优文化品牌。江山镇不断丰富广场文化、村镇文化和校园文化，打造"龙岩胜景出江山"文化品牌，形成以闽南文化为重点，以红色文化、禅宗文化、旅游文化、古建筑文化、民俗文化为特色的江山文化，在夯实文化产业发展基础的同时推动旅游品牌发展。需要指出的是，江山镇所实行的村际产业互助脱贫战术、产业帮扶机制是江山模式得以创建的保障。一方面，几村共同发展某一产业，如老寨、背洋、新寨、梅溪等村斜背茶产业资源丰富则共同成立斜背茶专业合作社，山塘村、新田村位于景区内则共同开发旅游产业，相对减轻了各村的资源及劳动力负担；另一方面，由镇政府和所在村脱贫挂钩部门对各村给予资金和政策支持，确保了"三大品牌"的形成和江山模式的创建。

3. 开展科技扶贫。科技扶贫是我国政府扶贫开发的重要战略之一，是通过适用技术的推广应用和科学普及，改变贫困地区封闭落后状况的经济发展模式，依靠科技进步、技术创新，提高贫困人口生产生活水平，促进贫困村的发展，啃下扶贫攻坚的"硬骨头"。开展科技扶贫，要积极推广良种良法，围绕特色产业发展，加大科技攻关和科技成果转化力度，推动产业升级和结构优化；大力培育一批科技型扶贫龙头企业，建立完善符合贫困地区实际的新型科技服务体系，加快科技扶贫示范村和示范户建设；继续选派科技扶贫团、科技副县（市）长和科技副乡（镇）长、科技特派员到贫困地区工作。福建省通过开展科技扶贫工作，注重与贫困地区的区域经济发展紧密结合，围绕贫困地区主导产业升级和结构调整，不断扩大技术辐射抓示范，开展技术承包抓落实，完善服务体系抓流通，加强科技培训抓素质，逐渐形成了两种具有福建特色的科技扶贫发展主导模式：一是科技供给主导模式，政府积极、主动推广科技项目成果应用，为贫困地区发展"造血"。福建省宁德市柘荣县凤里村曾是闽东著名的贫困村，2004年以前，全村种植绿茶42.67公顷，每公顷收入13500多元，茶叶总收入仅60万元。2004年，福建省科技厅挂钩扶持该村并主动将当时最先进的茶叶新品种金观音、黄观音引入，通过科技普及、宣传推介和旧茶园改造等，引导全村农民大量种植。至2009年金观音、黄观音投产面积33.33公顷，每公顷产值75000元，总产值超250万元，108户种茶户仅以上新品种茶叶生产户均收入就达2.5万元，原先贫困落后的状况得到了根本改善。凤里村的发展是科技供给主导模式的成功案例之一，福建省科技管理部门将已有先进适用的科技成果向扶贫村输入和引导，使原先贫困落后的凤里村成为柘荣县第一个茶叶生产专业村，并辐射带动了全县乃至周边县市的乌龙茶产业的发展。二是科技需求主导模式，贫困地区的农户或企业具有依靠科技进步改变落后面貌的技术需求，政府积极支持、配合。在许多需要技术的贫困地区，科技扶贫往往是技术人员不定期到村里走个形式，村民时常联系不到技术人员，造成"村民需要时技术人员不在，技术人员下来时村民不一定需要"的状况。针对这种状况，福建省宁德市蕉城区三都镇着力创建技术人员常驻制，使科技需求主导模式落到实处。该镇曾是个靠海吃海的穷地方，村民多以养殖大黄鱼为生。但海上养殖并非易事，天灾、病害不断困扰着渔民养殖，稍有不慎，损失极为惨重，甚至有的渔民因为鱼病害一夜致贫。2015年，该镇成立精准扶贫科技特派员工作站，来自富发水产有限公司大黄鱼育种国家重点实验室、省农科院生物研究所的技术人员成为科技扶贫特派员，常驻工作站。科技扶贫特派员不仅便于深入了解当地实情，洞察渔民的需求，而且与下基层的方式不同，常驻的方式可以突破时间的限制，一旦渔民遇到养殖难题，随时都能联系科技扶贫特派员。除了满足渔民的需要，帮助渔民防治鱼病害，科技扶贫特派员还致力于新品种培育，帮助渔民丰富养殖品种。值得一提的是，精准扶贫科技特派员工作站还设立了渔民科技夜校、图书馆，针对渔民的需求，邀请国内一流专家就防治鱼病害进行授课，编写防治鱼病害的培训手册，帮助渔民掌握养殖的专业知识。目前，三都镇有30多万框网箱，从业人员超过3万人，形成一条完整的产业链，有经济基础的渔民可以从事养殖，没有成本的也可以从事缝制网具等工作。依靠科技培育的大黄鱼和科技人员的智力支持，三都镇渔民走上了脱贫致富的康庄大道。

4. 完善基础设施。作为产业发展、整村推进的基础，贫困地区要摆脱贫困奔小康必须完善基础设施建设。第一，应推进土地整治，加快中低产田改造，开展土地平整，提高耕地质量。推进大中型灌区续建配套与节水改造和小型农田水利建设，发展高效节水灌溉，扶持修建小微型水利设施,抓好病险水库(闸)除险加固工程和灌溉排水泵站更新改造,加强中小河流治理、山洪地质灾害防治及水土流失综合治理。第二,完善道路等交通基础设施建设。要致富,先修路,路不通,万事难。交通基础设施抓住了贫困地区扶贫的咽喉,修桥铺路,恰恰是打开脱贫致富的迅捷通道。完善基础设施应加快贫困地区通乡、通村道路建设,积极发展农村配送物流。第三,积极实施农村饮水安全工程。继续推进新农村电气化、小水电代燃料工程建设和农村电网改造升级,实现城乡用电同网同价。第四,普及信息服务,优先实施重点县村村通有线电视、电话、互联网工程。加快农村邮政网络建设,推进电信网、广电网、互联网三网融合。福建省福鼎市磻溪镇赤溪村脱贫致富的一个成功经验在于完善基础设施。1995年,赤溪村在完成易地搬迁工作的基础上,按照村庄整体规划及畲族特色村寨规划,采取政府出一点、社会资助一点、村民出一点和群众投工投劳的方式,完成饮水安全工程、电网改造等基础设施建设。昔日赤溪"地无三尺平",落后的交通设施成为横拦在赤溪村脱贫致富道路上的障碍。针对交通瓶颈,赤溪村先后修建了连接磻溪、太姥山、白琳等的主要自然村公路。据不完全统计,1995年以来各级党委、政府已为赤溪村投入建设资金8339万元,建成交通、水电等各项基础设施项目25个,正在实施和计划实施的项目13个,建设资金10785万元。通过基础设施的完善,赤溪村的山地特色农业、旅游业才得以发展,赤溪村的经济才得以腾飞。

5. 发展教育文化事业。习近平多次指出,扶贫先扶智,绝不能让贫困家庭的孩子输在起跑线上。开展行业扶贫,必须大力发展贫困地区的教育文化事业。应推进边远贫困地区适当集中办学,加快寄宿制学校建设,逐步提高农村义务教育阶段家庭经济困难寄宿生生活补助标准,推进农村中小学生营养改善工作,加大对各级各类残疾学生扶助力度;免除中等职业教育学校家庭经济困难学生和涉农专业学生学费,落实国家助学金政策；继续实施东部地区对口支援中西部地区高等学校计划和招生协作计划。贫困地区劳动力进城务工，输出地和输入地要积极开展就业培训。加强基层文化队伍建设，推进广播电视村村通、农村电影放映、文化信息资源共享和农家书屋等重大文化惠民工程建设。福建省高度重视贫困地区文化教育事业的发展，把推进精准扶贫作为全省教育工作的重要任务，着力构建覆盖23个重点县、老区、少数民族地区教育发展的倾斜扶持工作机制。在省委和省政府的带动下，各地纷纷出台举措共同奏响文化教育扶贫的"大合唱"。三明市永安县率先探索推出"半台戏"文化下乡模式，利用流动舞台车、流动图书馆深入基层农村开展"文化走亲"乡土巡演，由文化馆业务干部、馆办公益文艺团队和文化志愿者出半台节目，乡镇（街道）、村（社区）群众自编自演半台节目，满足贫困地区的文化需求；龙岩市长汀县建立多个县级贫困劳动力转移培训基地，安排贫困户和低收入农户劳动力接受技能免费培训，同时充分发挥农业科技人员的引领带动作用，开展县、乡农业科技人员和村级农民技术员与贫困户结对帮扶活动，帮助农民掌握致富技能。

6.完善社会保障制度。完善社会保障制度是对"真扶贫，扶真贫"工作的有力促进。全国人大农业与农村委员会委员张晓山指出，全国的贫困村中有21.1%没有合格的卫生室，建档立卡户有42%是因病致贫。如果社会保障等跟不上，会影响扶贫开发的最终决战。①扶贫开发要与加大当地社会保障工作的力度相衔接：第一，要逐步提高农村最低生活保障和五保供养水平，切实保障没有劳动能力和生活常年困难农村人口的基本生活。第二，健全自然灾害应急救助体系，完善受灾群众生活救助政策。第三，加快新型农村社会养老保险制度覆盖进度，加快

---

① 张晓山：《社会保障等跟不上会影响扶贫开发最终决战》，http://politics.caijing.com.cn/20160311/4086290.shtml，2016年3月11日。

农村养老机构和服务设施建设，支持贫困地区建立健全养老服务体系。第四，加快贫困地区社区建设，做好村庄规划，扩大农村危房改造试点，帮助贫困户解决基本住房安全问题。第五，完善农民工就业、社会保障和户籍制度改革。福建省历来重视完善社会保障制度，从2004年开始，对贫困人口先后实行最低生活保障、参加新型农村合作医疗和养老保险基础养老金等政策，解决贫困人口的生活和基本保障问题，目前全省低保线下的73.7万贫困人口全部纳入最低生活保障，新农合参合率达99.8%，新农保参保率达95%以上。在实行贫困村运转经费保障制度方面，从2001年开始，省级财政每年安排村级运转经费，目前平均每村达7.5万元，市、县两级财政予以相应配套；在为重点县基本财力提供保障方面，省级财政通过增加一般性转移支付的办法，确保重点县基本财力保障，并逐渐开始对每县每年各增加补助1000万元以上，由县级统筹用于重大民生政策的支出；在完善农民工就业、户籍改革方面，省有关部门通过加强职业技能培训、规范使用农民工的劳动用工管理、扩大农民工参加城镇社会保险覆盖面、出台具体可操作的户籍制度改革措施等切实维护农民工的权益，促进农民工在城镇落户。①福建省社会保障逐步完善，行业扶贫工作始终有序进行。

　　7. 重视能源和生态环境建设。生态文明建设和精准扶贫都是关乎国计民生的大事。那些有着良好生态资源但经济欠发达的地区既是"脱贫一线"，更是生态文明发展的"潜力区"，应把扶贫工作和生态环境保护有机结合，围绕"既要金山银山、更要绿水青山"的绿色发展理念，坚持"在发展中保护，在保护中发展"，将生态优势转变为经济优势，探索绿色减贫之路，让贫困群众共享生态红利。这是消除贫困、实现可

---

① 赖诗双：《"真扶贫扶真贫"——福建省建立完善六个机制推动精准科学扶贫》，《农村工作通讯》2015年版，第22~24页。

持续发展的根本途径。一方面，统筹贫困地区资源保护与经济社会发展，充分依托贫困地区的生态资源优势，发展生态产业，坚持"扶贫开发与经济社会发展并行，扶贫开发与生态保护并重"，依靠科技进步，政产学企结合，增强社会合力，提高扶贫效益，探寻适合当地实际的生态扶贫产业体系。另一方面，加快贫困地区可再生能源开发利用，因地制宜发展小水电、太阳能、风能、生物质能，推广应用沼气、节能灶、固体成型燃料、秸秆气化集中供气站等生态能源建设项目，带动改水、改厨、改厕、改圈和秸秆综合利用，加大自然环境治理、村容村貌整治、环境卫生清洁等生态综合整治力度。贵州省是中国扶贫攻坚的主战场，也是生态文明建设的示范区。海拔2300多米的海雀村是贵州毕节市赫章县最边远的一个村，地处云贵高原乌蒙山区岩溶贫困地带。30多年前，由于土地破碎、水土流失严重，当地村民为填饱肚子，曾一度毁林开荒，在生态极其脆弱的山坡上，把玉米从山脚一直种到山顶，然而种出的粮食仍然养活不了一方人。眼看村子越垦越荒，越荒越穷，村干部做出决定，带领村民在万亩荒山上植树，使曾经的"和尚坡"变成了"绿色银行"。据估算如今林场价值达4000多万元。海雀村的巨变是生态文明建设与扶贫开发良性互动的一个缩影。目前脱贫攻坚已经进入"啃硬骨头"阶段，剩余的贫困人口主要分布在国家重要生态功能区，生态建设与扶贫开发任务异常繁重。精准扶贫战略包括移民搬迁扶贫、光伏产业扶贫、旅游扶贫等三项"绿色减贫"工程，必须努力使生态文明建设与精准扶贫在多领域、多渠道、多角度的良性互动中协调推进，实现生态效益、经济效益与社会效益的共赢。

（三）社会扶贫

贫困，是当今世界最尖锐的社会问题之一，特别是对于我国这样一个区域发展差异大、农村人口数量多的发展中大国来说，要在2020

年实现全面建成小康社会的奋斗目标，必须充分调动机关事业、企业、社会组织等社会各界参与扶贫开发事业，集众智、聚合力，从不同角度扩大扶贫资源，共同做好脱贫攻坚工作。2017年6月习近平在深度贫困地区脱贫攻坚座谈会上就聚焦精准发力、攻克坚中之坚，做出一系列新部署，并明确要求东部经济发达县结对帮扶西部贫困县"携手奔小康行动"和民营企业"万企帮万村行动"，都要向深度贫困地区倾斜。社会扶贫主要包括加强定点扶贫、推进东西部扶贫协作、发挥军队和武警部队的作用、动员企业和社会各界参与扶贫等。

1. 加强定点扶贫。改革开放以来，各级党政机关、国有企事业单位等率先开展定点扶贫，对推动社会扶贫发挥了重要引领作用。同时，民营企业、社会组织和个人通过多种方式参与的扶贫开发日益显示出巨大发展潜力。在扶贫开发的攻坚时期，必须做好定点扶贫工作。各级党政机关、国有企事业单位、各民主党派中央、全国工商联以及各类非公有制企业、社会组织承担定点扶贫任务，各定点扶贫单位要制定帮扶规划，积极筹措资金，定期选派优秀中青年干部挂职扶贫，发挥党政领导定点帮扶的示范效应。

第一，中央和国家机关各部门各单位、人民团体、参照公务员法管理的事业单位和国有大型骨干企业、国有控股金融机构、国家重点科研院校、军队和武警部队，要积极参加定点扶贫，承担相应的定点扶贫任务。习近平强调，各级党政机关、国有企事业单位开展定点扶贫，是中国特色扶贫开发事业的重要组成部分，也是我国政治优势和制度优势的重要体现。做好新形势下定点扶贫工作，要切实增强责任感、使命感、紧迫感，坚持精准扶贫、精准脱贫，坚持发挥单位、行业优势与立足贫困地区实际相结合，健全工作机制，创新帮扶举措，提高扶贫成效，为坚决打赢脱贫攻坚战做出新的更大贡献。据统计，党的十八大以来，截至2015年底，参与定点扶贫的中央单位达到320个，实现了对贫困县的全覆盖，累计向贫困县选派挂职干部1266人次，投入帮扶资金69亿元，帮助引进资金363亿元。① 在福建省，各级党政机关积极聚焦精准，完善挂钩帮扶政策，分类制定帮扶措施，着力健全"省负总责、市县抓落实、工作到村、帮扶到户"的长效机制。福建省龙岩市金砂乡159户贫困户中，有1名厅级干部挂钩3户，2名处级干部挂钩4户，市直单位干部挂钩8户，区直单位干部挂钩104户，乡干部挂钩40户，实现了挂钩帮扶全覆盖，且所有挂钩的干部均至少入户1次以上。福建省龙岩市江山镇党委和政府大力开展"秤砣式"挂钩帮扶扶贫活动，要求每一位挂钩帮扶干部"做秤砣式干部"：像秤砣一样实，作风扎实，深入群众之中，拉家常、揭锅盖、摸被褥、看粮袋；像秤砣一样强，善于攻坚克难，帮冷暖、帮生计、帮脱贫；像秤砣一样公，公道正派，树立社会公信，站得直、立得正、做得好。通过"秤砣式"挂钩，切实帮扶每一户贫困群众。与各级党政机关不同，各国有企事业单位则充分利用行业优势开展定点扶贫工作。福建省龙岩市连城县上琴村是由福建省烟草专卖局（公司）挂钩帮扶的贫困村，2012年以来，在福建省烟草专卖局（公司）下派的驻村书记的带领下，全村突出烟草种植特色，在完善基础设施的基础上，利用烟叶生产扶持政策，大力推进现代烟草农业建设，走出了一条"基础先行、产业扶贫"的扶贫开发之路。此外，福建省烟草专卖局（公司）还积极引导烟农利用烟叶生产设施设备发展多种经营，拓宽增收渠道，如利用育苗大棚开展蔬菜、花卉、水果种植，利用烤房进行食用菌养殖和农产品、中药材烘干，利用烟田水利设施开展水产养殖，等等。在福建省烟草专卖局（公司）的帮扶下，上琴村村民纷纷摆脱贫困，向着小康生活迈进。

第二，支持各民主党派中央、全国工商联参与定点扶贫工作。各

---

① 《定点扶贫要创新帮扶举措提高扶贫成效》，《新华每日电讯》2015年12月12日。

民主党派中央、全国工商联是定点扶贫工作的重要力量。在中央统战部带领中央各民主党派在贵州毕节的"同心"实践的定点扶贫工作中，福建省委统战部于2011年创造性地提出由福建省八个民主党派和工商联支持助推南平市政和县发展的重大战略决策，其中，农工党福建省委会响应中共福建省委和省委统战部的号召，组织和动员全省广大党员，发挥农工党的界别优势，群策群力，积极投入同心助推政和县岭腰乡行动。在农工党福建省委会科学调研、科学规划、科学立项等一系列定点帮扶活动的推动下，岭腰乡发生了巨大的变化。据统计，该乡生产总值由2012年的27515万元增长到2015年的36095万元，增长31.2%，农民人均纯收入由2012年的4498元增加到2015年的6720元，增长49.4%，2012年累计完成固定资产投资414万元，2015年累计完成固定资产投资7300万元，增长了16倍多，乡容乡貌发生了巨大改善，农民增产增收，取得了明显的助推实效。此外，台湾民主自治同盟、中国致公党等民主党派也积极响应，参与到"同心"品牌系列活动中，通过向政和县石屯小学开展捐赠帮扶和慰问政和县助困、助医、助学、助残、助老、助孤等"六助"贫困人口等方式，为定点扶贫工作贡献力量。

第三，积极鼓励、引导、支持和帮助各类非公有制企业、社会组织及个人承担定点扶贫任务。各类非公有制企业、社会组织及个人在定点扶贫工作中的作用进一步突显。2015年10月17日，在中国第二个"扶贫日"，全国工商联、国务院扶贫办和中国光彩会启动"万企帮万村"精准扶贫行动，该行动以民营企业为帮扶方，以建档立卡的贫困村为帮扶对象，以签约结对、村企共建为主要形式，力争3到5年时间，动员全国1万家以上民营企业参与，帮助1万个贫困村加快脱贫进程。在帮扶途径上，"万企帮万村"行动号召民营企业因地制宜选择帮扶形式，包括投资兴办企业开发贫困村资源的"产业扶贫"、帮助贫困村对接外部市场的"商贸扶贫"、为贫困群众提供就业岗位的"就业扶贫"、捐赠财物改善当地生产生活条件的"捐赠扶贫"、传授贫困群众实用技术的"智力扶贫"等。①"万企帮万村"精准扶贫行动自启动以来,广泛动员民营企业参与脱贫攻坚,参与度、覆盖面、创新性、实效性都超过预期,得到中央领导同志的高度肯定,受到社会各界的广泛好评,已营造出民营企业参与脱贫攻坚的浩大声势。行动在创新帮扶模式方面做出积极探索,不仅丰富了民营企业扶贫的路径和方式,也为全国脱贫攻坚在思路上提供了有益借鉴,已成为民营企业拓展发展空间、实现转型升级的重要途径,成为民营企业家接受理想信念教育的生动课堂。2017年6月23日,习近平在山西太原市主持召开深度贫困地区脱贫攻坚座谈会,要求民营企业"万企帮万村行动"要向深度贫困地区倾斜。29日,全国"万企帮万村"精准扶贫行动片区座谈会在甘肃省和政县召开,强调要进一步推动"万企帮万村"精准扶贫行动提质增效,及时总结好经验好做法并加以推广,传递正能量,营造扶贫向善的社会氛围。②

2. 推进东西部扶贫协作。2016年7月20日,习近平在银川主持召开东西部扶贫协作座谈会上强调,东西部扶贫协作和对口支援,是推动区域协调发展、协同发展、共同发展的大战略,是加强区域合作、优化产业布局、拓展对内对外开放新空间的大布局,是实现先富帮后富、最终实现共同富裕目标的大举措。东西部扶贫协作是"八七扶贫攻坚计划"实施期间提出的一项创新性举措,其目的在于动员东部发达省市的力量对口支持贫困地区的发展和贫困人口的脱贫。1996年国务院扶贫开发领导小组在全国扶贫工作会议上决定让东部沿海的13个发达省市分别帮助西部的10个贫困省和自治区。组织东部地区支援西

---

① 《企业与贫困村签约结对　万企帮万村启动》,《人民日报》2015年10月18日。
② 《全国"万企帮万村"精准扶贫行动片区座谈会在甘召开》,《中华工商时报》2017年6月30日。

部地区20年来，党中央不断加大工作力度，形成了多层次、多形式、全方位的扶贫协作和对口支援格局，使区域发展差距扩大的趋势得到逐步扭转，西部贫困地区、革命老区扶贫开发取得重大进展。在西部地区城乡居民收入大幅提高、基础设施显著改善、综合实力明显增强的同时，国家区域发展总体战略得到有效实施，区域发展协调性增强，开创了优势互补、长期合作、聚焦扶贫、实现共赢的良好局面。这在世界上只有我们党和国家能够做到，充分彰显了我们的政治优势和制度优势。东西部扶贫协作和对口支援必须长期坚持下去。①

闽宁对口扶贫协作是全国东西部扶贫协作的典型案例之一。20年的闽宁对口扶贫协作，福建向宁夏无偿援助2.43亿元，各对口帮扶市县（区）无偿投入累计达2.32亿元，社会各界捐助折款1.22亿元；帮扶宁夏贫困地区修建22.9万亩高标准梯田，改造危房危窑1900户，新建村级卫生室200个，援建希望小学96个，建设闽宁示范村124个，修建、完善了一批水利水保设施、农村电网、道路、广播电视、饮水工程等，近50万宁夏贫困人口因此受益。2013年，国务院扶贫办将闽宁对口扶贫协作模式——"闽宁模式"正式列入《中国社会扶贫创新行动优秀案例集》，并作为具有代表性、创新性的成功案例向全国推广。回顾其发展历程，"闽宁模式"的成功主要归因于以下几个方面：第一，顶层设计帮扶。1996年，福建省接到对口帮扶宁夏的任务后，当即成立了由时任省委副书记习近平为组长，省委组织部、宣传部、农办、计委、经贸等19个省直机关为成员单位的福建省对口帮扶宁夏领导小组。同年11月，闽宁对口扶贫协作第一次联席会议决定：两省区每年举行一次联席会议，总结、安排对口帮扶工作，协商解决有关问

---

① 《习近平在东西部扶贫协作座谈会上强调 认清形势聚焦精准深化帮扶确保实效 切实做好新形势下东西部扶贫协作工作》，《人民日报》2016年7月22日。

题；建立扶贫协作发展基金；从福建沿海5个省辖市中选出经济实力较强的8个县（市、区），对口帮扶宁夏8个国定贫困县（区）；委派挂职干部、部门对口协作。之后，一年一度的省级联席会议在两省区形成了"市县结对帮扶""互派挂职干部""部门对口协作"等协商、推进、监督机制，使得每年的协作项目都能与扶贫开发和宁夏发展大局紧紧相扣，按照"宁夏所需，福建所能"，充分将福建的人才、资金、科技、经验、市场要素等深深植入宁夏发展的"肌体"，从根本上提升宁夏贫困地区的发展能力。第二，产业项目帮扶。在习近平提出的"优势互补、互惠互利、长期协作、共同发展"原则指导下，各类产业纷纷落户宁夏贫困地区。1997年起，福建充分利用其作为菌草技术发源地的优势，积极帮助宁夏发展菌草业，先后派出数百名技术人员在彭阳、原州等地建立食用菌示范点，发展菌草种植农户。在彭阳县长城塬村，闽宁合资的"闽宁现代食用菌产业示范园"各类食用菇年产量达1000多吨。要最大程度增强对口帮扶的"造血"功能，仅有政府的产业支援是不够的，还必须引入市场机制。福建的企业家响应省委和省政府的号召，纷纷带着先进的理念和项目奔赴宁夏。严国圣将自己的"薯业帝国"搬迁至西吉，与农户形成土地流转和技术合作互惠互利的模式，成为西海固地区农业产业化发展的样本，带领西吉现代工业实现零的突破。潘文贤在隆德开办了第一家出口企业——宁夏隆德人造花工艺有限公司，促进了当地剩余劳动力的就业。第三，文化教育帮扶。教育水平、文化程度低也是造成贫困的根源之一，"闽宁模式"坚持产业扶贫和智力扶贫两手抓。20年间，福建省在宁夏先后兴建、扩建学校186所，为宁夏代培研究生138名，帮助培训教师近1500人，帮助近4万名辍学儿童和数百名贫困大学生重返校园。同时，"闽宁模式"还积极开展阳光培训和劳务对接，让贫困地区的年轻人"走出去"，学习致富技能。总计有16.6万的宁夏劳务人员先后到福建企业学习先进技术、管理理念，开阔了视野，转变了观念，拓宽了思路，增长了才干，带回了闽商"爱拼才会赢"的作风，为改变家乡落后面貌发挥了积极作用。

3. 发挥军队和武警部队的作用。军队打胜仗，人民是靠山；群众要脱贫，军队是后盾。军队和武警部队是中国特色的扶贫开发、社会扶贫事业里的一个重要主体。开展社会扶贫工作，必须注重发挥军队和武警部队的作用，坚持把地方扶贫开发所需与部队所能结合起来。同时，部队应本着就地就近、量力而行、有所作为的原则，充分发挥组织严密、突击力强和人才、科技、装备等优势，积极参与地方扶贫开发，实现军地优势互补。至2014年，军队和武警部队共帮扶63个贫困县、547个贫困乡、2856个贫困村，开展了整村推进扶贫开发、支持贫困地区农村和农业基础设施建设、捐资助学、科技扶贫、医疗卫生扶贫、抗震救灾送温暖等活动，为促进帮扶对象尽快脱贫致富做了大量富有成效的工作。在脱贫攻坚这场特殊的战斗中，全军和武警部队勠力同心、接续奋斗，主动挑起支援地方脱贫攻坚工作的重担，以高度的政治自觉和行动自觉投入脱贫攻坚战。据不完全统计，仅2016年以来，全军和武警部队官兵就助力40多万贫困群众脱贫致富，为打赢脱贫攻坚战，实现中华民族伟大复兴的中国梦而不懈努力。

4. 动员企业和社会各界参与扶贫。随着社会主义市场经济的发展，中国经济高速增长，企业和社会各界在参与扶贫中日益显现出巨大的能量。因而，在当前的扶贫开发工作中，应广泛动员企业和社会各界参与扶贫，大力倡导社会责任，引导各类民间组织、企业家、志愿者、港澳台同胞、海外华人华侨、各类慈善机构及非政府组织，在自愿的基础上，通过多种形式捐资捐物，直接支持贫困户和贫困地区的开发建设；鼓励企业采取多种方式，推进集体经济发展和农民增收；与贫困村建立共建机制；注重发挥港澳台同胞、海外华人华侨回报桑梓的热情，积极引导他们参与家乡的扶贫开发，并为他们捐资助学、改善乡村基础设施等搭建服务平台。孕育人人皆愿为、人人皆可为、人人皆能为的社会扶贫参与氛围。

企业的财富取之于社会，自然要回馈社会。社会责任是企业的天赋责任。在国家攻坚扶贫开发、全面建设小康社会的冲刺阶段，企业参与扶贫开发工作是其实现社会责任最有效的途径之一。一方面，中国贫困人口的减少将为企业的发展营造更良好的社会环境；另一方面，贫困人口整体质量的提高将为企业提供素质更高的劳动力，从而促进企业尤其是贫困地区农村企业的不断发展。港澳台同胞、海外华人华侨是社会扶贫中的一支重要力量。福建省充分利用其侨乡优势，搭建侨力扶贫服务平台，积极引导情系桑梓的港澳台同胞、海外侨胞回乡参与扶贫开发，推动家乡经济社会的发展。2013年，福建省侨联启动"百侨帮百村——共建美丽乡村"活动，致力于整合海内与海外、沿海与山区的侨联资源，引导广大港澳台同胞、海外侨胞从产业、科技、文化、医疗等方面参与家乡建设。经过3年多的时间，已有257个侨联组织（侨团、华侨）与212个村居（乡、县）结对，促成帮扶项目300多项，帮扶5070贫困户，落实资金3.86亿元人民币。凝聚侨胞力量，开拓侨力扶贫，才能更好地壮大扶贫开发队伍，助力脱贫攻坚战役。

三、强化社会合力扶贫济困的整体思路

扶贫开发工作要解放思想、开拓思路、深化改革、创新机制，使市场在资源配置中起决定性作用和更好发挥政府作用，更加广泛、更为有效地动员社会力量，构建政府、市场、社会协同推进的大扶贫开发格局，整合配置扶贫开发资源，形成脱贫攻坚合力，提升脱贫攻坚成效。

（一）强化规划引领机制

脱贫攻坚要注重规划引领，把规划作为撬动市场资源、统筹政府资源、整合社会资源的平台，以规划统一各方步调，使扶贫开发政策落到实处。按照区域整体发展与扶贫到村到户相结合的总体思路，大力推进贫困地区脱贫攻坚。行业部门要制定行业扶贫规划，切实加大资金、项目、政策倾斜支持力度，共同推动贫困地区发展。贫困县、贫困村要制定脱贫规划，明确目标任务、工作措施、脱贫时限、保障机制等，与行业扶贫规划有效对接。

（二）建立精准扶贫工作机制

按照国家统一制定的扶贫对象识别办法，在已有工作基础上，坚持扶贫开发政策和农村最低生活保障制度有效衔接，按照县为单位、规模控制、分级负责、精准识别、动态管理的原则和程序公正透明、信息真实可靠、群众认可满意的标准，对每个贫困村、贫困户建档立卡，建设与全国扶贫信息网络系统相衔接的各省区扶贫信息网络。各项扶贫措施要与贫困识别结果相衔接，深入分析致贫原因，做到规划到村到户、帮扶到村到户、考核到村到户，扶真贫，真扶贫。坚持发展与扶贫并重，通过发展创造有利于"造血式"扶贫的大环境，使贫困群众有更多公平的发展机会，推动精准扶贫更加有效、更可持续。

（三）健全干部驻村帮扶机制

各级党委、政府要加大驻村帮扶工作力度，确保每个贫困村都有驻村帮扶单位，每个贫困户都有帮扶责任人，实现驻村帮扶长期化、制度化。驻村工作队要协助基层组织贯彻落实党和政府各项强农惠农富农政策，积极参与扶贫开发各项工作，帮助贫困村、贫困户脱贫致富。

实行队员当代表、单位做后盾、领导负总责工作机制，帮扶对象不稳定脱贫，帮扶不脱钩。把驻村入户扶贫作为培养锻炼干部特别是青年干部的重要渠道。建立考核制度和激励约束机制，把驻村帮扶的成效和扶贫单位、驻村干部的考核结合起来，使能吃苦、会帮扶、贫困群众认可的优秀干部脱颖而出，得到重用。

（四）改革财政专项扶贫资金管理和监督机制

各级政府要逐步增加财政专项扶贫资金投入，加大资金管理改革力度，增强资金使用的针对性和实效性。项目资金要到村到户，解决贫困村、贫困户亟须解决的问题，确保扶贫资金真正惠及扶贫对象。把资金分配与工作考核、资金使用绩效评价结果结合起来，探索先建后补、以奖代补等竞争性分配办法。简化资金拨付流程，项目审批权限全部下放到县。以扶贫攻坚规划和重大扶贫项目为平台，整合扶贫和相关涉农资金，集中解决突出贫困问题。积极探索政府购买公共服务等有效做法。加强资金监管，强化各级责任。省、市两级政府主要负责资金和项目监管；县级政府负责组织实施好扶贫项目；各级人大常委会要加强对资金审计结果的监督。建立县以上扶贫资金信息披露制度，完善县以下扶贫资金项目公告公示制度；积极发挥审计、纪检、监察机关作用，加大违纪违法行为惩处力度；引入社会力量，发挥社会监督作用；引导扶贫对象积极主动参与资金项目管理，使其成为维护自己权益、监督资金使用和项目建设的重要力量。

（五）完善金融服务机制

充分发挥政策性金融的导向作用，中长期优惠贷款要向贫困地区倾斜，重点支持贫困地区基础设施建设和主导产业发展。引导和鼓励商业性金融机构创新金融产品和服务，增加对贫困地区的信贷投放。

在风险可控前提下,加快推进农村合作金融发展,增强农村信用社支农服务功能,支持发展村镇银行、小额贷款公司和贫困村资金互助组织。完善扶贫贴息贷款政策,增加财政贴息资金,设立风险补偿基金,完善贷款风险分散分担机制,引导金融部门将更多资金投向贫困地区。推广小额信用贷款和联保贷款,推进农村青年创业小额贷款和妇女小额担保贷款工作。推动金融机构网点向贫困乡镇和贫困村延伸,改善农村支付环境,鼓励和支持发展农业专业性融资担保机构,为农村扶贫开发提供融资担保服务。加大农业保险政策扶持力度,增加补贴品种,提高补贴比例,扩大覆盖范围。改善对农业产业化龙头企业、家庭农场、农民合作社、农村残疾人扶贫基地等经营组织的金融服务。加快推进农村土地承包经营权确权颁证,设立农村产权交易中心,探索土地信用托管平台建设,建立健全承包地、宅基地、农民住房等农村资产要素的确权颁证、抵押登记、价值评估、流转、处置、风险防控机制,支持在法律关系明确地方探索开展农村土地承包经营权、农村住房财产权、林权等抵(质)押贷款业务。

(六)创新社会参与机制

建立和完善广泛动员社会各方面力量参与脱贫攻坚制度。充分发挥定点扶贫在社会扶贫中的引领作用。支持各民主党派、工商联和无党派人士参与扶贫开发工作,鼓励引导各类企业、社会组织和个人以多种形式参与扶贫开发。支持部队积极参与驻地扶贫开发,积极为部队扶贫帮困、助学兴教、医疗扶持、支持新农村建设等提供有利条件,实现军地优势互补。建立信息交流共享平台,形成有效协调协作和监管机制。全面落实企业符合税法条件的扶贫捐赠税前扣除、各类市场主体到贫困地区投资兴业等相关支持政策。各级扶贫部门要积极搭建平台,倡导、组织社会各界有为之士、爱心人士参与扶贫事业。

（七）确立县级党委、政府主体责任机制和贫困县考核机制

县级党委、政府是落实扶贫开发政策最重要的主体，要承担起扶贫开发重要主体责任，加快经济社会发展，提高发展质量，使发展成果更多惠及扶贫对象。加大本级政府财政扶贫投入，统筹市场资源、政府资源、社会资源，集中支持贫困村、贫困户加快发展，使其尽快实现脱贫致富。抓好扶贫对象建档立卡、精准扶贫工作。贫困地区、革命老区要把扶贫开发作为"三农"工作的重中之重，主要领导亲自抓，重点抓，切实抓出成效。制定贫困县考核评价办法，由主要考核地区生产总值向主要考核扶贫开发工作成效转变，把提高贫困人口生活水平和减少贫困人口数量作为主要指标，引导贫困地区党政领导班子和领导干部把工作重点放在扶贫开发上。研究建立贫困县、贫困村适时退出机制和激励机制，鼓励贫困县、贫困村尽早脱贫。

全面建成小康社会是实现中华民族伟大复兴中国梦的关键一步，摆脱贫困又是实现这一战略目标的重中之重。习近平指出："扶贫工作事关全局，全党必须高度重视。做不好，不但贫困群众不满意，人们也会怀疑全面建成小康社会的真实性。"[①]"久困于穷，冀以小康。"如今，决战贫困最后冲刺的新起点已经来到。2017年金秋十月，中国共产党第十九次全国代表大会胜利开幕，习近平用"决胜全面建成小康社会，开启全面建设社会主义现代化国家新征程"，勾画出了宏伟蓝图。十九大报告指出，要坚决打赢脱贫攻坚战，确保到2020年我国现行标准下农村贫困人口实现脱贫，贫困县全部摘帽，解决区域性整体贫困，做到脱真贫、真脱贫。这是我们党对人民的庄严承诺。我们应当同心同德，

[①] 中共中央文献研究室：《习近平关于全面建成小康社会论述摘编》，中央文献出版社2016年版，第5页。

砥砺奋进,在习近平新时代中国特色社会主义思想指引下,以抓铁有痕、踏石留印的精神,举十三亿中国人民的磅礴之力,脱贫攻坚这场历史性决战一定能如期胜利!

后 记

全书由福建师范大学马克思主义学院院长、博士生导师李方祥教授和硕士生导师陈晖涛副教授共同设计写作框架，并且组织福建师范大学一批青年学术骨干撰写。李方祥教授负责全书的修改订稿，陈晖涛副教授做了大量的协调、组织工作。写作分工如下：陈晖涛（第一章、第二章）；方芳、詹明瑛、寇创（第三章）；苏剑、陈秋华（第四章）；卢红飚（第五章、第六章）。范迪、李倩、吕政龙、赵和平等为本书的写作收集资料，付出了辛苦劳动。

本书的出版得到了人民日报出版社第一编辑中心曹腾主任和高亮编辑以及福建人民出版社社长助理汤伏祥先生的鼎力支持和帮助，没有他们的辛勤付出就没有本书的顺利付梓，在此向他们致以由衷的敬意和感谢！

编 者

2017 年 10 月